농협 직원을 위한 등기법 중요쟁점 편하게 이해시키는 책

수학연구사

목 차

머리말 ··· 1

Part 1. 등기 이야기 ·· 5
  1. 보존등기 관련 ·· 6
  2. 농지자격증명 관련 ·· 23
  3. 전세권 등기 관련 ·· 41
  4. 가등기 관련 ··· 45
  5. 기타 ·· 52

Part 2. 공부 방법에 대한 팁 ·································· 59
  1. 지식을 돌출 정도로 하려면 노래 암기가 최고다 ·········· 60
  2. 8진법 ··· 63
  3. 전문 공부 ·· 69
  4. 등기법의 맥락잡기 ·· 75

머리말

많은 책들이 너무 이유 제시가 부족해서 말이다

그것을 해결하기 위해서 본서에서 제시를 한다

자연스레 실력이 증진하는 모토 아래

공부는 지겹다. 그런 과정에서 조금이라도 지겹지 않으면서 실력이 쌓인다면 그것만한 게 없다.

농협 직원을 위한 책

농협 직원들이 자연스레 등기법에 익숙해질 수 있도록 농토와 농지자격증명에 대한 이야기들을 꽤 실었다.

주로 다룬 분야

농지증명, 보존등기, 가등기 그리고 이의신청에 대해서도 다루었다. 꼭 봐야 할 핵심파트이다.

공부 방법에 대해서는

공부 최고수들의 영역인 그림 암기, 노래 암기 그리고 그것을 합친 하이브리드 암기에 대해서 파악을 해 본다.

공부팁: 광범위한 팁

-지식 세계에 빠져보라 할만하다

지식의 세게는 억지의 세계가 아니다, 지식 세계에 빠져보라 할만하다. 아주 할 만한 세상이라고 느낄거다.

-작금의 정치 현실이 어지럽다

우리는 그런 세파에 시달리지 말고 그저 자기 자신을 위해서 지식연마에 힘쓰자. 마치 로마병사에게 자신 있게 '젊은이야, 나의 햇빛을 가리지 말아주오'라고 말한 디오게네스처럼 말이다.

-공부는 유기적이 되어야 한다

왜 공부를 해도 뜬구름 잡는 거 같고, 헛도는 것 같고 밑빠진 독에 물붓기 같은가? 그래서 공부가 유기적이 되어야 한다. 거미줄이 되어야 한다. 학습자인 내가 유기적으로 만든다. 그렇게 되면 공부가 잡히고 좀 더 쉬워진다.

Part 1. 등기 이야기

1. 보존등기 관련

-등기예규724호 건축물대장에 지분표시가 없어도 소유권보존등기는 가능하게 하는 이유는? 대장과 등기부의 근본적 차이에서 비롯되나?

배경설명

등기예규 제724호는 건축물대장에 지분 표시가 없어도 구분건물의 소유권보존등기가 가능하다는 내용을 담고 있다. 등기부는 권리보호를 위한 법적 제도이고, 대장은 행정상의 관리 수단이다. 그러므로 등기부에 기재된 권리내용은 대장을 반드시 그대로 따를 필요는 없다.

등기의 독립성으로 서류에 의해 지분 명확하면 등기 가능하다. 등기예규 제724호의 핵심은, 대장에 지분표시가 없어도, 소유권보존등기에 필요한 구비서류(분양계약서, 사용승인서, 건축물현황도 등)에서 각 구분소유자의 지분이 명확히 나타난다면, 이를 근거로 등기를 허용할 수 있다는 것이다. 이는 등기실무의 탄력성을 보장하기 위한 것으로, 실질적 권리관계가 명확하면 등기를 막지 말자는 취지이다.

최종이유적으로

등기예규 724호는 다음과 같은 배경에서 나왔다. 대장과 등기부는 목적과 법적 성격이 다르며, 대장은 등기의 절대적 전제가 아니다. 이 말을 새겨둔다. 즉 실질적 권리관계(지분 등)가 명확하다면 등기는 허용되어야 하며, 이는 권리자 보호와 등기제도의 실효성을 확보하기 위한 것이다. 따라서 대장에 지분이 없다고 해서 등기를 거부할 수 없으며, 이는 등기부의 독립성과 법적 우위에서 비롯된 것이다.

-2009다93428에서의 판례를 보면 보존등기를 하려면 반드시 대장이 있어야 하는가? 그 관계가 어떻게 되는지?

최종이유적으로

대법원 2009다93428 판결은 등기와 대장의 관계, 특히 소유권보존등기를 위한 전제요건으로서의 대장의 필요성에 대해 중요한 판단을 내린 판례이다.

배경설명

판례 요지: 대법원 2009. 12. 24. 선고 2009다93428의 요지는 "소유권보존등기를 하기 위해서는 원칙적으로 해당 부동산이 대장(토지대장, 임야대장, 건축물대장 등)에 등록되어 있어야 한다. 다만, 대장이 존재하지 않는 경우라도 등기하려는 부동산이 객관적으로 특정될 수 있고, 권리의 객체로서 존재한다면 등기가 유효할 수 있다."

최종이유적으로

즉, 대장은 일반적으로 필요한 "존재증명 수단"일 뿐이고, 등기의 유효성 자체를 좌우하는 절대 조건은 아니다. 그래서 대장과 등기의 관계를 정확히 구분하면 일반적인 경우는 대장이 존재해야 보존등기 가능 (등기의 객체를 특정하고 증명하기 위함) 그러나 예외적 상황 대장이 없어도, 등기신청서류 (예: 감정평가서, 사진, 위치도 등)로 특정 가능하면 보존등기 가능 대장의 존재는 등기의 필요조건일 수는 있지만, 유일한 조건은 아니다.

-그 판례2009다93428에서 이 상태에서는 소유권확인 판결을 받는다고 해도 등기법 65조 2호에 해당하는 판결이 아니라고 한다. 그 의미는?

배경설명

대법원 2009다93428 판결에서 문제된 것은, 단순히 소유권을 인정받았다고 해서 그것이 곧 「부동산등기법」 제65조 제2호의 판결(등기원인 되는 판결)로서 등기의 직접적 근거가 될 수 없다는 것이다.

부동산등기법 제65조 제2호 "다음 각 호의 1에 해당하는 경우에는 등기원인을 증명하는 정보로 판결서를 제출할 수 있다."에서 제2호: 확정판결로 인하여 등기권을 취득한 경우는 즉, 판결로 인해 등기할 권리를 '새롭게 취득'한 경우, 그 판결이 등기의 원인이 될 수 있다는 뜻이다. 즉 '등기권 취득'이란? 판결 자체로 인해 권리를 새로이 취득하는 경우를 말한다. 예시로는 매매대금지급 완료 → 이전등기 청구 → 판결 → 판결로 소유권 취득이다.

-소유권 '확인' 판결은?

단순히 "내가 이미 소유자임을 법원이 인정해준 것"일 뿐, 그 판결로 인해 새롭게 권리를 취득한 것은 아니다. 따라서 등기의 원인으로 삼을 수 없다.

이 사건의 상황은 이 사건은 무허가 건축물에 대한 소유권 확인 소송이었다. 건물대장이 없었고, 보존등기도 안 되어 있던 상태. 원고는 소유권확인 판결을 받아냈지만, 이 판결만으로는 보존등기 신청이 불가능하다고 본 것이다.

결론적으로 등기법 제65조 제2호는 "판결로 인해 새롭게 권리를 취득"한 경우에만 등기원인으로 인정된다. 그런데 소유권 '확인' 판결은 과거부터 존재하던 권리를 법원이 인정한 것에 불과하기 때문에, 그것만으로는 보존등기의 원인이 되는 판결이 아니며, 보존등기를 하려면 별도로 대장을 정비하거나, 건축물의 존재와 특정이 가능한 자료 등을 통해 실체를 입증해야 한다는 것이다.

-그럼 예규1483호 3. 라. 에서는 국가를 상대로 한 소유권 확인판결을 받거나 건축허가 명의인 또는 건축주를 상대로 소유권 확인 판결을 받은 자는 소유권보존등기를 신청할 수 없다고 하는데 그 논리는?

배경설명

이 예규에서의 핵심은 "국가, 건축허가 명의인 또는 건축주 등을 상대로 소유권확인 판결을 받은 경우라도, 그 판결이 부동산등기법 제65조 제2호에서 말하는 '확정판결로 인하여 등기권을 취득한 경우'에 해당하지 않으므로, 이를 이유로 소유권보존등기를 신청할 수 없다."

이 예규의 법리적 논리 및 이유를 보면 "소유권확인"은 기존 권리의 확인이지, 등기권의 "취득"이 아니다. 대법원 2009다93428 판결에서 본 것처럼, 소유권확인 판결은 이미 존재하던 소유권을 재확인한 것일 뿐, 등기의 원인으로 삼을 수 있는 "취득행위"가 아니다. 등기법 제65조 제2호가 요구하는 것은 소유권이 새롭게 발생(취득)하는 확정판결이다.

즉, 확인판결은 권리의 증명자료로는 사용될 수 있지만, 등기원인으로 삼을 수는 없다. 그래서 보존등기는 권리의 "최초 설정"이므로, "취득 원인"이 반드시 존재해야 한다. 보존등기는 "최초의 등기"이므로, 반드시 "취득 원인"이 있어야 한다.

예컨대, 신축 → 소유권 발생 매매 → 소유권 이전 상속 → 소유권 취득 같은 취득원인이 있어야 한다. 그런데 확인판결은 소유권 취득의 "원인"이 아니다. 그저 과거 권리 존재의 법적 인정을 받는 것일 뿐이다. 그래서 건축주나 국가를 상대로 한 소유권확인판결도 마찬가지이다. 이런 판결들은 행정기록이나 사실관계에 따라 소유자임을 인정받았다는 의미일 뿐, 법적으로 소유권이 발생하는 "법률행위나 사실" 자체를 대체하지는 못 한다. 따라서, 건축주·건축허가명의인·국가를 상대로 소유권이 있다는 "확인판결"을 받았다고 해서 곧바로 보존등기를 할 수는 없다는 것이 예규의 입장이다.

최종이유적으로

실무 적용상의 결과로서 상황 등기 가능 여부 이유

확정판결로 소유권 취득 (ex. 매매대금청구 인용) 가능하다. 등기법 65조 2호 해당한다. 소유권확인 판결 (국가, 건축주 상대로) 불가능하다. 확인은 "취득"이 아니므로 등기원인으로 부적합하다. 판결 외에 건축물대장, 감정평가서 등으로 특정 가능하다.

결론적으로 예규 1483호 3.라.의 핵심 논리는 소유권확인 판결은 등기법 제65조 제2호의 '취득 원인'이 되는 판결이 아니다. 따라서 이런 판결만으로는 소유권보존등기를 신청할 수 없다. 이는 등기의 원인과 요건에 대한 실체적 법리에 기반한 판단이며, 대법원 2009다93428 판결의 취지와 일치한다.

이런 것을 보면 등기의 동적인 성격에 뒷받침되어서 그런 부분이 있어야 가능하다고 봐진다. 즉 어디에서 어디로의 이동 등의 요소가 좀 있어야 하고 정적인 요소로는 부족하다.

-등기선례2-238호에 따르면 지상권이 설정되어 있는 토지위에 지상권자가 아닌 제3자가 건물을 신축한 후 동건물에 대한 소유권 보존등기를 신청함에 있어 사전에 그 지상권을 말소하거나 소유권보존등기 신청서에 지상권자의 승락서를 첨부할 필요는 없다고 한다. 그 이유는 보존등기를 신청할 때는 제3자의 승낙서 등은 등기소에 제공할 필요가 없기 때문이라고 한다. 그 논리는 다음과 같다.

배경설명

등기선례 2-238호는, 지상권이 설정된 토지 위에 지상권자가 아닌 제3자가 건물을 신축한 경우, 지상권자의 승낙이나 지상권 말소 없이도 소유권보존등기를 할 수 있다고 판단한 사례이다.

등기선례 2-238호 요지는 "지상권이 설정되어 있는 토지 위에 지상권자가 아닌 제3자가 건축물을 신축한 후, 그 건물에 대한 소유권보존등기를 신청하더라도, 사전에 지상권을 말소하거나, 지상권자의 승낙서 등을 첨부할 필요는 없다."

소유권보존등기란, 권리 '존재의 공시'이지, 권리 '취득의 적법성' 심사가 아니다. 소유권보존등기는 "사실상의 권리자"가 해당 부동산의 소유자임을 공시하는 것이다. 등기소는 "이 사람이 진짜 소유자가 맞는가?"만 판단하면 되고, 그 소유권이 어떻게 발생했는지의 법률적 정당성(예: 지상권 침해 여부)까지 판단하지 않는다. 즉, 소유권 보존등기 신청 시, 타인의 권리(지상권)를 침해했는지 여부는 심사대상이 아니다. 등기소의 심사권한은 형식적 심사주의에 한정된다.

부동산등기법은 등기소가 "첨부서류와 신청서에 근거하여 형식적으로 심사"하도록 정하고 있다. 신청인이 건축물대장, 감정평가서, 사용승인서 등으로 해당 건물을 신축한 소유자임을 입증하면, 그 소유자가 지상권자인지 아닌지, 토지사용에 대한 정당한 권원이 있는지 등기소는 따지지 않는다.

지상권자와의 관계는 사법상 분쟁사항일 뿐, 등기의 요건이 아니다. 지상권은 '토지를 사용할 수 있는 권리'이지, 건물을 소유하는 권리는 아니다. 따라서 제3자가 그 위에 무단으로 건물을 신축했다면, 건물 자체의 소유권은 건축자에게 발생할 수 있다 (건물의 독립성이 인정된다면). 이 경우, 지상권자와 건물 소유자 사이의 분쟁은 소송 등 사법절차에서 해결할 문제이지, 등기소가 개입할 문제가 아니라고 보는 것이다.

보존등기 시, 제3자의 승낙서나 이해관계인의 동의는 요구되지 않는다. 부동산등기법이나 등기선례에 따르면, "보존등기를 신청하는 경우에는 타인의 권리관계나 승낙 여부는 첨부서류 요건이 아니다." 이는 등기소가 권리자의 '적격성'만 판단하지, 그 권리 발생의 경위나 정당성까지는 심사하지 않기 때문이다.

-유증의 목적부동산이 미등기인 경우라도 특정유증을 받은 자는 포괄유증을 받은 자와는 달리 소유권보존등기를 신청할 수 없다. 이는 예규 1512호 2. 가 (2) 이다. 이는 왜 그런가? 그 취지는?

최종이유적으로

예규 제1512호 제2항 가목 (2)의 핵심은 다음과 같다. "미등기 부동산에 대해 특정유증을 받은 자는 소유권보존등기를 신청할 수 없다." 그러나 포괄유증을 받은 자는 가능하다. 이 예규는 유증의 성질(특정유증 vs 포괄유증)과 등기권리자의 지위 차이에 근거한다.

민법 제1090조 "포괄유증을 받은 자는 상속인과 동일한 권리의무를 가진다." 포괄유증자는 상속인에 준하는 자격, 특정유증자는 단순한 채권자이다. 등기예규 제1512호 제2항 가목 (2)의 취지는 소유권보존등기는 '최초의 등기'이므로, 등기권리자의 권리가 실질적으로 '발생'한 자여야 한다. 보존등기는 부동산 권리가 등기부에 최초로 공시되는 것이므로, 이를 신청할 수 있는 자는 그 권리를 최초로 취득한 자 또는 그 권리를 직접 상속, 포괄승계 받은 자 즉, 소유권을 실질적으로 "승계"한 자여야 한다.

그런데 특정유증은 '물권적 승계'가 아니라 '채권적 청구권'일 뿐 특정유증을 받은 자는 해당 부동산의 소유권을 바로 취득하는 것이 아니라, 상속인에게 유증의 이행을 '청구할 수 있는 채권자'에 불과하다. 물권을 직접 승계한 자가 아니므로, 소유권보존등기의 신청자격이 없다.

특정유증은 권리의 발생 원인이 아니라, 청구권의 원인이다. 반면, 포괄유증자는 상속인과 같은 지위이므로 등기가 가능하다. 민법상 포괄유증자는 상속인처럼 전체 재산을 승계하기 때문에, 미등기 부동산도 포함된다. 따라서 포괄유증자는 보존등기의 실질적 등기권리자가 될 수 있다. 소유권보존등기의 신청권자는 해당 부동산의 소유권을 실질적으로 취득하거나, 상속 또는 포괄적으로 승계한 자에 한정된다는 점을 전제로 한다. 따라서 특정유증자는 단지 이행청구권자에 불과하고, 물권 승계자가 아니므로 등기신청 자격이 없다는 것이 이 예규의 핵심 취지이다.

-부동산 등기규칙121조에 의하면 토지소유권보존등기를 신청하는 경우에는 토지의 표시를 증명하는 토지대장 정보나 임야대장 정보만을 제공하여야 한다. 그 밖에 다른 정보는 해당되지 않는다고 한다. 그 밖의 다른 정보로서

뭐가 있는가?

배경설명

「부동산등기규칙」 제121조는 토지 소유권보존등기의 신청 시, 제출해야 할 '토지의 표시를 증명하는 정보'의 범위를 명확히 한 규정이다. 이 규정의 요지는 다음과 같다.

토지의 소유권보존등기를 신청하는 경우에는, 그 토지의 표시를 증명하는 정보로서 다음 중 하나만을 제공해야 한다. 토지대장 정보 임야대장 정보 중에서 말이다. 그 밖의 정보는 해당하지 아니한다.

규칙이 허용하지 않는 "그 밖의 정보"란? 등기규칙은 토지의 공적장부상 등록(공신적 표시)를 통해 해당 부동산의 '실체적 존재'를 입증하도록 요구한다. 즉, 토지대장 또는 임야대장이 없는 경우에는, 다른 자료로 대체하여 보존등기를 할 수 없다는 원칙을 밝히고 있는 것이다.

"그 밖의 정보"란, 대장 외에 일반적으로 제출될 수 있다고 오해되기 쉬운 다른 서류들이다.

최종이유적으로

왜 이렇게 제한하는가? 보존등기는 권리관계가 최초로 등기부에 나타나는 행위이므로, 해당 부동산이 현실적으로 존재하고, 공적으로 등록된 객체인지를 확실히 증명할 필요가 있다.

대장(토지대장·임야대장)은 법률상 공적 장부로서 지자체 또는 국가가 관리하는 공식 증명자료이다. 따라서 이 외의 자료들은 '객체 특정의 공신력'이 부족하다고 보는 것이다.

그렇다면 예외가 없을까? 일반적으로는 없다. 다만, 대장이 존재하지 않는 특수한 경우(예: 등록 누락, 실측 누락 등)에는 법원 실무에서 보완자료(감정평가서, 측량도 등)를 요구하는 경우는 있으나, 이것은 예규나 특별한 사정이 있는 경우에 한정되며, 등기규칙상 원칙적으로는 허용되지 않는다.

-앞서 나온대로의 건물과는 달리 토지에 대해서는 왜 국가를 상대로 자기의 소유권을 증명하는 확정판결을 받으면 토지의 보존등기가 가능한가?

최종이유적으로

건물의 경우와 달리, 토지에 대해서는 국가를 상대로 한 소유권확인 확정판결이 있으면 소유권보존등기가 가능하다는 점은 등기실무와 판례상 인정되고 있다. 이 차이는 '토지'와 '건물'의 법적 생성 방식과 권리 발생 구조의 차이, 그리고 국가의 입장에서 비롯된다.

토지는 국가가 원시적으로 소유하는 것으로 간주된다. 대한민국에서는 무주지(등록되지 않은 토지)는 원칙적으로 국가의 소유로 간주된다. 따라서 국가를 상대로 "소유권이 내 것"임을 다투는 구조가 성립한다. 이 때, 법원이 "국가가 아니라 원고(신청자)가 진짜 소유자다"라고 판단하면, 해당 토지는 국가가 아닌 원고의 소유임이 확정되며, 이 판결은 곧 소유권이 원고에게 있음을 법적으로 "발생"시키는 판결이 된다.

국가는 원래 소유권이 없었음을 확인하면 원고에게 귀속시킨다. 건물의 경우에는 개인이 사적으로 신축한 것이라, 소유권은 이미 발생한 상태이고, 국가와는 무관한 사적 권리분쟁이다. 반면, 토지는 미등록 상태에서는 국가 소유로 추정되므로, 국가를 상대로 한 소유권확인판결은 국가의 소유권 부정을 통해 신청인에게 소유권을 귀속시키는 실질적 "취득원인"이 된다. 즉 토지는 국가가 원시적 소유권을 가지고 있기에 확인판결이라고는 하나 이전판결의 성격을 가지고 있게 된다.

-등기예규 1483호 3라 (3)에서 건물에 대하여 건축허가 명의인 또는 건축주를 상대로 소유권확인판결을 받은 자는 소유권보존등기를 신청할 수 없다. 그 이유는 무엇인가?

배경설명

등기예규 제1483호 제3항 라목 (3)은 다음과 같은 내용을 포함하고 있다. 건물에 대하여 건축허가명의인 또는 건축주를 상대로 소유권확인판결을 받은 자는, 그 판결만으로는 소유권보존등기를 신청할 수 없다. 왜냐하면 그 판결은 등기원인이 되는 '확정판결'이 아니기 때문이다.

이 예규의 법리적 근거와 취지 즉, 이 문제의 핵심은, 등기법 제65조 제2호에서 말하는 확정판결로 인하여 등기권을 취득한 경우"에 해당하는지를 판단하는 것이다. "확인판결"은 소유권을 '새로 취득'하게 하지 않는다 (취득 원인이 아님) 소유권확인판결은 단지, "이 건물의 진짜 소유자는 원고다"라고 법원이 확인해주는 선언적 판결이다. 이는 기존의 소유권 존재를 확인하는 것일 뿐, 등기권리를 새로이 "발생"시키거나 "취득"시키는 효과는 없다. 따라서 등기법 제65조 제2호에서 요구하는 "확정판결로 인하여 등기권을 취득한 경우"에는 해당되지 않는다.

건축허가명의인 또는 건축주는 반드시 소유자일 필요는 없다. 건축허가명의나 건축물대장에 나오는 건축주는 행정상의 '허가권자'일 뿐, 실제 건물의 법률상 소유자와는 다를 수 있다. 따라서 그들을 상대로 소유권확인을 받아도, 그것은 단지 '분쟁 해결'의 의미일 뿐, 소유권 발생의 "법률행위"에 해당하지 않는다. 예시로서 A가 B명의로 건축허가 받아 건물을 지었고, 실제 자금을 낸 C가 소유권확인 판결을 받았다고 하더라도, 그 판결만으로 보존등기를 할 수는 없다.

소유권보존등기에는 반드시 "등기의 실질적 원인"이 필요하다. 보존등기는 최초 등기이므로, 권리 발생의 원인이 실질적으로 존재해야 한다. 특정한 법률행위(예: 매매, 신축, 상속 등)가 있어야 하고, 이를 적법한 서류로 입증해야 한다. 그런데 확인판결은 권리의 "증명"은 되지만, 권리의 "취득 원인"으로는 불충분하다. 즉 이 경우도 보면 국가를 상대로 확인판결을 받은 경우와 같이 취급된다.

-그와 다르게 건축물대장에 등록된 소유자를 상대로 소유권확인 판결을 받은자는 보존등기가 가능하다. 그 이유는?

배경설명

등기예규 제1483호 제3항 라목 (4)에 해당하는 상황이다. 이 경우에는 왜 보존등기가 가능한가?

건축물대장상의 "소유자"는 실체법상 소유자를 전제로 한 기재이다. 그것이 첫째 이유가 된다. 건축물대장에는 통상적으로 건물을 신축한 자나 건축허가권자가 아니라, 실제 소유자로 보는 자가 기재된다. 따라서 대장상 소유자로 기재된 자는 사실상 건물의 소유권자로 추정된다. 이 자를 상대로 한 소유권확인 판결은, 기존에 기재된 소유권 귀속관계를 법원이 바꿔주는 효과가 있다. 즉, 실질적인 '소유권 이전'과 유사한 기능을 한다.

둘째 이유로는 해당 판결은 "등기원인이 되는 확정판결"로 기능한다. 등기법 제65조 제2호에 따르면 "확정판결로 인하여 등기권을 취득한 경우에는 판결서로 등기원인을 증명할 수 있다." 건축물대장상의 소유자와 다투어 소유권확인을 받고 기존 권리 귀속 상태를 변경하는 효력을 가진 판결은, 등기원인이 되는 실질적 확정판결로 해석된다. 즉, 이 경우에는 단순한 "권리의 존재 확인"이 아니라, "기존 소유자로 등재된 자의 권리를 부정하고 자신에게 소유권을 귀속시키는 실질적인 권리 변동"이 있는 셈이다.

최종이유적으로

공적 장부상 '소유자'를 상대로 한 판결은 더 강한 공신력 효과가 있다. 즉 건축물대장은 행정상 공적 장부로서 신뢰성을 갖고 있고, 그 안의 "소유자" 기재는 일정한 법적 효과를 갖는다. 따라서 그 자를 상대로 한 소유권확인

판결은, 단순한 이해관계인에 대한 권리 확인이 아니라, 공적 권리귀속 상태에 대한 공식적 변경 확인으로 보게 된다. 즉 이 경우는 단지 건축주와는 다르게 실제로 소유자로 인정이 공적으로 되는 자에게서 자기들끼리의 정당하고 합당한 관계에 의해서 이전이 된 것으로 봐야 하기에 그런 보존등기가 가능하다.

-등기예규 제1604호 4.가. (2)를 보면 직권으로 소유권보존등기를 완료한 등기관은 신청에 의한 등기가 아니기에 등기필정보는 작성하지 않는다고 한다. 등기필 정보의 어떤 성격 때문에 이렇게 하는가?

등기예규 제1604호 제4항 가목 (2)에서 말하는 "직권으로 보존등기를 한 경우에는 등기필정보를 작성하지 않는다"는 원칙은, '등기필정보'의 법적 성격과 기능을 정확히 반영한 것이다.

과거의 "등기필증"을 대체한 개념이다. 등기권리자가 자신의 권리를 행사(예: 이전, 말소 등)하려 할 때, 등기소에 자신이 진짜 등기권리자임을 증명하기 위해 제출하였다. 따라서 등기필정보는 등기의 신청인 본인의 의사에 의해 등기가 이루어졌음을 전제로 한 "확인 수단"이다.

그렇다면 등기필정보는 언제 생성되는가? 등기필정보는 다음 요건을 갖춘 경우에만 작성된다. 당사자의 신청에 의해 등기가 이루어질 때, 등기권리자가 명확히 특정되고, 등기사항이 그의 의사에 의해 성립했을 때 말이다.

결론으로서 등기필정보는 '등기권리자'가 자신의 의사에 따라 등기를 신청

했음을 확인하고, 이후 등기행위(예: 이전, 말소 등) 시 본인임을 증명하는 수단이다.

즉 권리를 나타내는 권리증적 수단이기는 하나 완전히 그렇다기 보다는 아주 강한 신원 확인 그리고 그 자신의 진의와 의욕에 의해서 앞의 등기가 이뤄졌음에 대해서 확인을 해줘서 강한 신분확인을 해주는 것으로 작용한다.

-등기예규 1469호 1 가 에 근거해서 처분제한 등기의 촉탁시 소유자의 주소및 주민등록번호(부동산등기용등록번호)를 증명하는 정보가 첨부정보로서 제공되어야 한다고 한다, 이것은 누가 떼서 제공되여야 하는 것인가?

등기예규 제1469호 제1항 가목은 처분제한 등기(예: 압류, 가압류, 가처분, 경매개시결정 등)의 촉탁이 있는 경우, 소유자의 주소 및 주민등록번호(또는 부동산등기용 등록번호)를 증명하는 정보가 첨부되어야 한다는 점을 규정하고 있다.

먼저 처분제한 등기의 "촉탁"이란 언제 무엇인지를 본다. 처분제한 등기는 보통 다음과 같은 경우 발생한다

법원: 가압류, 가처분, 강제경매
세무서: 압류
한국자산관리공사: 공매
이들은 '등기신청인'이 아니라, 행정기관 또는 법원이 등기소에 '촉탁'하는

방식으로 등기를 신청한다.

즉, 신청주체는 법원 또는 행정청이다. 주소 및 주민등록번호(또는 부동산등기용등록번호) 제공의 이유는 등기기록에는 소유자의 인적사항(주소, 등록번호 등)이 기재되어야 하기 때문이다. 그러나 처분제한 등기가 촉탁으로 이루어지는 경우, 등기소는 소유자의 정확한 인적사항을 등기부상만으로 확인하기 어려울 수 있다.

따라서 등기기록의 정확성을 위해 소유자의 주소 및 등록번호를 증명하는 정보(예: 주민등록초본, 등본 등)를 첨부정보로 요구하는 것이다. 그럼 이 정보는 누가 제출하는가? 원칙은 촉탁기관이 소유자의 정보를 확인하여 함께 제공해야 한다. 즉, 법원, 세무서, 자산관리공사 등 촉탁을 행하는 기관이 한다. 그들이 자신이 확보한 자료(예: 주민등록초본, 과세자료, 공시자료 등)를 바탕으로 작성하거나 첨부해야 한다. 이는 등기신청인이 아니라 행정처분을 내린 기관의 책임이다. 왜냐하면 처분제한 등기는 당사자 아닌 제3기관이 촉탁하는 등기이므로, 그 등기의 정확성을 보장하는 책임 또한 촉탁기관에 있기 때문이다.

2. 농지자격증명 관련

-등기선례 제 8-357호에 따르면 농지가 아님을 증명하는 서면으로서의 농지취득자격증명신청반려통지서에 그 반려사유가 '오랫동안 농사를 짓지 않아서 잡목이 있고 주변일대에 석회광이 조업 중이고 사실상 경작이 불가능함'이라고만 기재되어 있다면 농지가 아닌 토지를 증명하는 서면이 아니라고한다. 그 논리적 근거는 무엇인가?

배경설명

등기선례 제8-357호는 농지가 아닌 것을 증명하려는 목적으로 "농지취득자격증명신청 반려통지서"를 제출하는 경우, 그 통지서의 기재 내용에 따라서는 농지가 아님을 증명하는 서면으로 인정되지 않는다고 밝히고 있다.

"오랜 기간 농사를 짓지 않아 잡목이 우거지고, 주변에 석회광산이 있어 사실상 경작이 불가능하다" 는 식으로 기재되어 있다면, 이것만으로는 '농지가 아님'을 증명하는 서면이 아니라는 것이다. 왜 이것이 "농지가 아님"을 증명하는 서면이 될 수 없는가?

핵심은 다음의 두 가지 개념을 명확히 구분하는 데 있다. 농지는 지목, 형상, 현재 이용 상태 등을 종합적으로 판단하여 '농작물 경작 또는 다년생 식물 재배에 공용되는 토지'를 의미한다. (농지법 제2조 제1호)
다만, 현재 일시적으로 방치되었거나, 농지로서의 실효성이 떨어지는 상태는 여전히 농지일 수 있다.

최종이유적으로

농지 여부는 객관적 사실에 따라 판단해야 한다. "경작이 불가능하다"는 표현은 상대적·일시적 사정일 수 있기 때문이다. 예규에 제시된 반려사유는 어디까지나 현시점에서의 상태 진술에 불과하다.
"오랫동안 농사를 짓지 않아 잡목이 있고, 주변 석회광산이 가동 중이며 경작이 곤란하다." 이는 즉 농지로서의 실질적 이용이 어렵다는 의미일 뿐, 토지가 더 이상 농지로 보지 않아도 된다는 법적 판단이 아니라는 것이다. 즉, "경작이 곤란함" ≠ "농지가 아님" 농지가 아니라고 보려면 명확한 행정적 또는 법률적 판단이 있어야 한다.

예를 들어 다음과 같은 경우는 농지가 아님을 증명하는 서면이 된다. 토지이용계획확인서 상 지목이 "대지", "임야", "잡종지" 등으로 표시되고 관할 시·군·구에서 '본 토지는 농지가 아님'이라고 명시된 공문 또는 농지법상 '전용허가'를 받아 지목이 변경된 경우의 허가서류가 있는 경우 말이다.

따라서 이러한 반려통지서는 '농지가 아님'을 증명하는 서면으로 사용할 수 없다는 결론이 도출된다. 요약하면 일시적 사정으로의 경작 불가능으로 볼 여지가 있어서 더 확실한 게 필요하는 것이다.

-상속인에 대한 특정적 유증을 할 때에는 소유권이전등기를 신청할 때에 농지취득자격증명을 첨부할 필요가 없다. 즉 특정적 유증에 의해서 농지를 취득할 시에 농지취득자격증명을 제공할 필요가 없다고 하는데 그러면 농민이 아닌 사람이 농지를 가져도 상관이 없는 것인가? 문제가 되지는 않을

까?

특정유증(특정 부동산에 대해 지정하여 물려주는 유증)에 의해 농지를 취득할 경우, 「농지법」 제8조에 따른 농지취득자격증명(이하 "농취증")이 예외적으로 면제된다. 그러나 이로 인해 농민이 아닌 사람이 농지를 취득하는 것이 허용된다면 농지법의 취지에 반하는 것 아니냐는 의문은 아주 정당하며, 이에 대한 법적 해석과 실무적 통제가 존재한다.

일시적으로는 가능하지만, 장기 보유는 농지법 위반 소지가 있다. 농지를 보유하는 것과 이용하는 것은 별개의 문제이기 때문이다. 따라서 유증을 통해 농지를 취득할 수는 있지만, 그 농지를 직접 경작하지 않고 계속 보유한다면, 농지법 제6조(농지 소유의 제한)에 위반될 수 있다.

[농지법 제6조 제1항]
"농지는 자기 또는 배우자 등의 직접 경작(또는 농업경영)을 목적으로 소유하지 아니하면 안 된다."
즉, 유증으로 취득한 경우라도 당사자가 실제로 농사를 짓지 않거나 농업경영을 하지 않으면 해당 농지는 소유 자체가 위법한 상태가 된다. 유증은 취득단계에서 농취증을 면제해줄 뿐, 소유 후의 관리·이용 상태는 여전히 규제를 받는다. 그래서 제도적 통제 장치는 다음과 같다.

(1) 농지이용실태조사
농지법 제10조에 따라 지자체는 정기적으로 농지이용 실태를 조사한다. 경작하지 않고 보유만 하고 있는 농지를 적발하면 처분명령(농지법 제11조) → 1년 이내 매각 요구 불이행 시 강제처분 가능

(2) 소유권이전등기 후 농지관리

등기소에서는 유증으로 인한 등기 시 농취증을 요구하지 않지만, 농지 관련 행정기관(시·군·구)은 사후적 이용실태 점검을 통해 관리한다.

-등기선례 8-356호를 보면 농지는 법인 아닌 사단 명의의 소유권이전등기를 할 수는 없으나 소유권이전청구권보전을 위한 가등기는 할 수 있다. 본등기로서의 이전등기가 되지 않는데 가등기는 가능한 이유는?

배경설명

등기선례 제8-356호는 다음과 같은 법률적 구조와 논리를 바탕으로 하고 있다. 농지에 대해서는 농지취득자격증명 없이 사인 명의(개인 명의)로는 소유권이전등기를 할 수 없다. 그런데 가등기는 가능하다고 한다. "왜 본등기는 안 되는데 가등기는 가능한가?" 즉, 실질적 효력 발생이 금지된 상태에서 형식적 등기 예약은 허용되는 이유는 무엇인가?

농지법 제6조에 따라 농지를 소유하려면 반드시 '농지취득자격증명'을 받아야 하며, 그 증명 없이 이전등기를 신청하면 접수 자체가 거절된다. 따라서 농지의 '소유권이전등기'는 반드시 실체법 요건(농지법)을 갖춰야 하며, 그 요건이 없으면 등기행위 자체가 법률상 무효 또는 부적법이 된다.

다만, 가등기는 민법상 등기의 예약을 공시하기 위한 제도이다. 따라서 가등기 자체로는 소유권이 이전되지 않는다. 즉, 가등기는 실체적 권리이전의 효력은 발생시키지 않으며, 다만 장래의 권리이전등기를 위한 순위를 확보

할 뿐이다. 이 때문에 현재 농지취득자격증명이 없어도 "장래 그 요건이 갖춰지는 것을 전제로 한 권리예약"은 할 수 있다.

결론적으로 농지에 대한 소유권이전청구권 가등기가 허용되는 이유는, 가등기가 본등기와 달리 현실의 소유권 이전을 수반하지 않고, 단순히 장래의 등기 순위를 보존하는 절차적 등기이기 때문이다. 따라서 실체 요건이 현재 충족되지 않아 본등기는 금지되지만, 가등기는 장래 요건 충족을 전제로 한 공시적 조치로 인정되는 것이다.

최종이유적으로

요약하면 본등기를 실현하려면 그 시점에서 농지취득자격증명 요건이 충족되어야 한다는 것인데 원래 법인 아닌 사단은 자격이 안 되지 않는가? 하고 볼 수 있다. 바로 그 지점이 등기선례 제8-356호의 핵심 논리와 한계를 이해하는 데 중요하다.

"가등기는 가능하다고 하면서도, 실제 본등기 요건을 갖출 수 없는 주체(예: 법인 아닌 사단)에 대해 가등기를 허용하는 것이 무슨 의미가 있는가?" 1. 가등기는 "현 시점의 등기 불가능성"과 관계없다. 등기선례 8-356호의 논리는 이렇게 구성된다. "현재 등기요건을 갖추지 못한 자라고 하더라도, 장래 요건이 갖춰질 가능성을 배제할 수 없다면, 가등기를 통해 그 순위를 보존하는 것은 허용된다." 즉, '가등기'는 가능성에 베팅하는 제도이다.

그래서 실무상 다음과 같은 사례들이 실제로 인정된다. 외국인이 농지를 매수하고 가등기 한 후 장래 취득자격이 생길 수도 있다. 미성년자가 가등기

이후 장래 성년 도달 후 본등기가 가능하다. 그러나 "법인이 아닌 사단"은 결국에는 구조적으로 자격이 없다.

농지법은 법인이 아닌 사단에 대해서는 농지 소유 자체를 금지한다. 그래서 원칙적으로 농지취득자격증명 자체가 발급되지 않는다. 즉, 이는 일시적 결격이 아니라 항구적, 구조적 결격이다.

따라서 법적으로는 그 가등기는 현실적으로 무익한 가등기가 될 가능성이 매우 크다. 그런데도 왜 가등기를 허용하나? 등기선례는 여전히 원론적 입장을 따른다. "현재 요건이 갖춰지지 않은 자라고 하더라도, 장래에 구조적 변동(예: 사단이 법인화)이 있을 가능성이 전혀 없다고 단정할 수 없다는 것이다. 예를 들어 법인 아닌 사단이 재단법인으로 전환하여 농지 소유 자격을 갖추는 경우 또는 지분관계가 바뀌어 실체상의 권리자가 다른 자가 되는 경우가 있다. 따라서 가등기를 완전히 금지해 버리는 것은 실체권 보호와 순위 보전의 기회를 침해할 수 있다는 것이 실무의 입장이다.

-등기선례 201304-5호에서 농지법 제34조 2항에 따른 농지전용협의를 완료한 농지를 취득한 사업시행자가 신탁을 원인으로 하여 신탁회사명의로 소유권을 이전하는 경우 소유권이전등기 신청서에 농지전용협의완료를 증명하는 서면을 첨부하면 충분하고 농지취득자격증명서를 제공할 필요가 없다. 그 이유는?

최종이유적으로

등기선례 2013-04-5호와 관련된 쟁점은 다음과 같이 요약할 수 있다. 농지는 원칙적으로 농지취득자격증명 없이는 소유권이전등기 불가하다. 그런데 사업시행자가 농지법 제34조 제2항에 따른 농지전용 협의를 완료한 농지를 신탁회사에 이전하려는 경우에는, 농지취득자격증명 없이도 소유권이전등기가 가능하다. 단지 "농지전용 협의 완료를 증명하는 서면"만으로 충분하다는 실무선례의 논리는 무엇인가?

등기실무상의 판단 구조에서 기본 전제는 농지취득자격증명은 "농지"에 대해서만 요구되는 등기요건이다. "더 이상 농지가 아닌 경우"에는 그 증명이 필요 없다. 따라서 농지전용 협의 완료된 토지는 실질적으로 전용이 승인된 상태이며, 목적상 농업 생산을 위한 토지가 아닌 것으로 보게 된다. 즉, 농지의 법적 지위를 상실한 것으로 간주되므로, 농지법 제8조(취득자격증명) 적용 대상이 아니며, 농지취득자격증명을 요구하지 않는다. 신탁 등기라 하더라도 신탁재산이 될 토지는 이미 농지로서의 지위가 사라졌기 때문에, 농지취득자격증명 없이 신탁회사 명의로의 소유권이전등기가 가능하게 되는 것이다.

등기선례 2013-04-5호의 구체적 논리를 보면 해당 선례는 다음과 같은 사정을 전제로 한다. 사업시행자가 농지전용 협의를 마치고, 협의완료 사실을 증명하는 서면(예: 협의 완료 공문, 도면 등)을 등기소에 제출하며, 그 토지를 신탁회사에 이전하려는 경우, 이는 농지 전용이 완료되어 더 이상 '농지'가 아니므로, 농지취득자격증명 제출이 면제된다는 논리이다.

-왜 그럼 공매는 자격증명이 요구되는데 경매는 요구되지 않는 것인지?

배경설명

둘 다 강제처분인데, 왜 공매(예: 캠코, 지방자치단체의 압류재산 매각)는 농지취득자격증명을 요구하고, 경매(법원이 주도하는 민사집행)는 요구하지 않는가에 대한 이유를 설명하면 다음과 같다.

"농지는 자격 있는 사람만 소유할 수 있다" 농지법 제8조는 원칙적으로 이렇게 말한다. "농지를 취득하려는 사람은 농사를 짓는 사람이어야 하며, 이를 증명하는 농지취득자격증명서를 제출해야 한다." 이 원칙은 농지의 투기적 소유, 비경작 소유를 막기 위한 규제 장치이다.

그럼 왜 경매는 농지취득자격증명이 면제되느냐면 법원의 강제집행은 재산권 보장의 핵심 수단이기 때문이다. 법원은 사법부로서, 채권자의 재산권 실현 수단을 보장해야 한다. 농지라도 채무자가 담보로 제공했거나 강제집행 대상이 되면, 신속하고 확정적인 처분이 보장되어야 한다. 따라서 낙찰자가 농지취득자격이 없다고 해서 등기를 막아버리면 채권자의 권리 실현이 불가능해진다. 그래서 농지법 스스로 "예외"를 인정하여 농지법 제8조 제4항은 법원의 경매는 자격증명 면제라고 명시한다. 즉, 입법자는 경매에 한해서는 실경작 원칙보다 집행 효율을 우선한 것이다.

최종이유적으로

왜 공매는 자격증명이 필요할까? 이는 공매는 "행정상 처분"이기 때문이다. 공매는 국가나 지자체가 세금 체납 등을 이유로 부동산을 처분하는 행정처분입니다. 따라서 여전히 행정법 원칙인 적법절차, 목적적합성, 형식적 심사

등이 적용된다. 공매 담당 행정기관은 매수인이 농지를 정당하게 이용할 수 있는 자인지를 사전에 심사할 여유가 있고, 그 의무도 있다.

그리고 농지법상 예외 규정이 공매에는 명시적으로 적용되지 않는다. 농지법 제8조 제4항은 "경매 또는 대통령령으로 정하는 공매"에 한정해 예외를 인정한다. 하지만 현재 대통령령(농지법 시행령)은 민사집행법상 경매만 명시하고, 공매는 포함하지 않는다. 공매는 법률적으로 "자발적 취득"으로 간주되기 때문이다. 법원 경매는 "소유자의 의사와 무관한 강제처분"이지만, 공매는 엄밀히 보면 행정처분이긴 해도 입찰은 자발적으로 참여하는 것이므로, 농지법은 경작할 의사가 있는 사람만 낙찰 받게 끔 필터를 작동시키는 구조라고도 한다. 즉 결론적으로 말해서 공매는 그런 자격자를 충분히 선택할 여유가 있다.

-등기예규1692호 5 마 2 에서는 판결서에 허가사실이 담겨 있는 허가서 등의 현존사실이 인정되면 행정관청의 허가를 증명하는 서면을 면제하지만 소유권이전등기는 신청 시에는 허가서등의 현존사실이 담겨져 있어도 서면을 반드시 제출해야 한다. 그 이유는? 즉, 농지에 대해서 소유권이전등기를 할 때는 명하는 판결을 받았어도 농지취득자격증명을 요구한다. 그 이유는?

배경설명

등기예규 제1692호 제5항 마목 2는, "행정관청의 허가가 필요한 등기"에 있어서, 판결서에 그 허가서 등의 '현존사실'이 명시된 경우에는 별도로 행정관청의 허가서를 첨부하지 않아도 된다"고 규정하면서도, "신청에 의한 소유권이전등기 시에는, 허가서 등이 존재하더라도 반드시 그 서면을 제출해야 한다"고 명확히 구분한다.

법원의 확정판결서는 재판을 통해 실체적 권리관계가 심리·판단된 문서이다. 그 판결문 안에 예컨대 다음과 같이 기재되어 있다면: "이 사건 매매는 ○○시장(군수)의 허가를 받아 유효하게 체결되었다." 이 경우 법원이 실질적으로 허가 여부를 심리한 결과를 인정한 것이므로, 등기관은 별도로 그 허가서 원본을 다시 확인할 필요가 없다. 즉, 판결 자체가 허가의 존재를 입증하는 공적인 증명력 갖춤이 된다. 반대로 "신청에 의한 등기"에서는 반드시 허가서 원본 제출이 필요한 이유는 소유권이전등기 신청은 신청인이 등기원인행위(예: 매매)를 주장하며, 등기소가 이를 형식적으로 심사하여 등기를 실행하는 절차인데, 이때 등기관은 허가가 실제 있었는지를 확정적으로 판단할 권한이 없다. 단순한 주장, 간접사실, 허가의 가능성으로는 부족. 오직 공적 서면인 허가서 원본 또는 공증력 있는 사본을 통해, 허가가 법적으로 유효하게 존재하는지 확인해야 한다. 그래서 "허가서 등의 현존사실이 인정된다 하더라도" 신청에 의한 경우에는 등기관이 그것을 심사·확정할 권한이나 능력이 없으므로, 반드시 허가서 자체가 첨부되어야만 한다는 결론에 이르게 된다.

또한, 소유권이전등기에서는 "허가의 유효성"이 문제된다. 등기관은 단순히 "허가가 있었다"는 사실을 넘어서 그 허가가 법령상 요건을 갖추고 있는지, 적법한 권한 있는 자에 의해 발급되었는지, 허가 당시 조건이 충족되었는지 등 허가의 실체적 유효성까지도 판단해야 등기요건이 충족된다.

판결서에 단지 "허가가 존재했다"는 내용만 있다면, 등기관은 허가의 실질을 판단할 수 없으므로, 허가서를 반드시 확인해야 한다.

예규의 정확한 취지 (등기예규 제1692호 제5항 마목 2)를 보면 "판결서에 행정청의 허가서 등의 '현존사실'이 기재된 경우에는, 그 허가를 증명하는 서면을 첨부할 필요는 없다. 다만, 판결에 의한 소유권이전등기의 신청의 경우에는 예외로 한다." 이 조항은 정확히 이 실체적 요건 심사 필요성을 근거로 보존등기에는 생략 허용 이전등기에는 생략 불허 라는 구분 원칙을 천명하고 있다.

판결에 의한 소유권이전등기의 경우, 설사 판결문에 "허가서가 존재한다"는 사실이 적시되어 있더라도, 등기관은 그 허가가 유효한지 여부를 실제 서면(허가서 원본 등)을 통해 확인할 수밖에 없다. 이는 소유권이전이라는 법률효과가 중대하고, 등기관의 책임 하에 등기요건을 엄격히 심사해야 하기 때문이다.

최종이유적으로

그 만큼 다른 등기에 비해서 이전등기가 무거워서 그런가? 맞다. 소유권이전등기는 다른 등기(예: 보존등기, 변경등기 등)에 비해 훨씬 "무겁고 중대한 등기"이기 때문에, 그 요건도 엄격하게 심사되고, 허가서 등의 실체적 증명도 반드시 요구되는 것이다. 왜 소유권이전등기가 그만큼 "무겁다"고 평가되고, 다른 등기와 다르게 다뤄지는지를 정리해보면 소유권이전등기는 권리관계 자체를 변경하는 본질적 등기이다. 이에 비해서 말소등기는 문제가 있는 것을 말소할 뿐이다. 이 점을 좀 잘 생각해야 한다. 학습이 낮은 사람들은 말소해도 이전되는 효과가 되는 거 아닌가 생각할 수 있는데 등기법은 좀 다르게 본다.

-농지에 관하여 증여계약을 해제하는 약정을 원인으로 하여 소유권이전등기의 말소등기를 신청하는 경우 농지취득 자격증명을 첨부하지 않아도 된다

최종이유적으로

해제는 자연으로의 다시 회복이기에 필요하지 않다. 다만 증여 받은자가 다시 증여를 할 때는 해야 한다.

-등기선례 201202-6호에 따르면 용도지역 중도시지역내의 농지는 농지취득자격증명에 대한 규정이 배제된다. 그 이유는?

배경설명

등기선례 201202-6호에 따르면, 도시지역 내의 농지에 대해서는 일반적으로 요구되는 농지취득자격증명서 제출 의무가 배제된다. 해당 등기선례는 다음과 같은 내용을 포함한다.

도시지역에 있는 농지는 실질적으로는 농지로서의 기능이 상실되었거나 장차 농업 외의 목적으로 개발될 예정이기 때문에, 농지법의 적용 대상에서 제외되며, 이에 따라 농지취득자격증명을 요하지 않는다.

최종이유적으로

도시지역 농지는 원칙적으로 개발이 예정된 지역이기에 도시지역은 계획적으로 주거·상업·공업 등의 용도로 개발되는 지역이므로, 이 안에 있는 농지는 장래에 비농업적 용도로 전환될 가능성이 높음으로 본다. 사실 그러니 도시사람이 바로 갈아엎고 농사를 안 지어도 할 말이 별로 없기에 말이다.

-등기예규1634호 4를 보면, 토지거래허가증을 첨부한 때는 검인을 받을 필요가 없다고 한다. 그 이유는 무엇이고 농지취득자격증명을 제출할 필요도 없다고 한다. 그 이유는 ?

최종이유적으로

즉, 토지거래허가증이 첨부된 경우, 계약서에 검인을 받을 필요가 없으며, 농지취득자격증명을 제출할 필요도 없는 것은 이때 부동산 거래신고 등에 관한 법률 제10조 제1항등에 의해서 아주 정밀하게 심사한다. 즉 이때 토지거래허가구역 내에서 토지를 거래하려면 관할 시장·군수·구청장의 허가를 받아야 한다. 심사주체가 같은 상황에서 두 개가 다 낮은 단계의 심사이기에 생략하게 하는 것이다.

-농지 관련한 종중에 관하여, 기존 위토를 처분하고 새로 위토용으로 농지를 매수하면 등기가 불가능하다

최종이유적으로

기존 위토에 한해서 농지에 가능하게 해준 것인데 새로 처분하고 새로 위토용 농지 매입에 대해서는 허가가 되지 않는다.

-등기예규 1635호 2 나 의 내용에서 보면 농지전용허가를 받거나 농지전용신고를 한 농지에 대해서 소유권이전등기를 신청하면 농지자격증명을 첨부해야 한다고 한다. 그 이유는?

배경설명

등기예규 제1635호 제2나목에서는 농지전용허가를 받았거나 농지전용신고를 한 농지에 대해 소유권이전등기를 신청할 때는 '농지취득자격증명'을 제출해야 한다고 명시하고 있다. 이러한 요구가 생기는 핵심 이유는 다음과 같다. "농지전용허가나 신고가 있었다고 해도, 해당 토지는 '형식적으로는 여전히 농지'이므로, 소유권을 취득하려는 자는 농지법상 자격이 있는지를 확인받아야 하기 때문에 농지취득자격증명을 제출해야 한다."

자세하게 보면 농지전용허가/신고 ≠ 농지의 지목 변경이다. 농지전용허가(농지법 제34조)나 농지전용신고(제35조)는 해당 농지를 농업 외의 목적으로 사용할 수 있도록 하는 행정행위이다. 그러나 지목이 '전', '답', '과수원' 등 농지인 이상, 형식상 농지로 간주되며, 여전히 농지법 제6조~8조의 적용 대상이다. 즉, 전용허가/신고 ≠ 농지의 실질적 또는 법적 해제이다.

최종이유적으로

'전용'은 '이용 목적'을 바꾸는 것이지, '법적 성질'을 바로 바꾸는 것이 아니다. 농지전용이 이루어졌다고 해서 실제 전용이 완료된 건 아니다. 농지전용허가나 신고는 일종의 허가 또는 예고일 뿐이다. 실제로 전용행위(예: 공장부지 조성, 건축 등)가 이루어지지 않으면 농지의 상태는 여전히 농지이다. 이 경우, 소유권을 취득하려는 자가 농지를 농업 목적으로 사용하는지 여부가 불분명하므로, 농지취득자격증명을 통해 자격을 입증해야 한다. 농지의 전용이 완료되어도 지목 변경이 이뤄지기 전까지는 '농지' 에서는 실무에서는 지목 변경(예: '전' → '대지' 등)이 이루어져야 비로소 농지로 보지 않게 된다. 따라서 등기 기준일 당시 지목이 여전히 농지라면, 전용허가 여부와 상관없이 농지취득자격증명을 요구하는 것이 원칙이다.

전용허가·신고는 이용 목적 변경 허가일 뿐 지목이나 실질 이용 상태가 여전히 농지일 수 있다. 실제 전용이 이루어졌는지 불분명하다는 이야기다. 또한, 농업 목적 이용 가능성 존재한다. 농지 소유 제한 규정은 지목 기준. 농지전용허가 또는 신고를 했더라도, 지목이 여전히 '전', '답' 등의 농지인 이상, 농지취득자격증명을 통해 매수인의 농업적 자격을 검증해야 하므로, 소유권이전등기 신청 시 농지취득자격증명을 제출해야 한다. 이것은 농지법의 규제 목적을 달성하기 위한 등기 실무의 원칙적 해석이다.

-앞 선 사례는 등기선례 201304-5호에서 농지법 제34조 2항에 따른 농지전용협의를 완료한 농지를 취득한 사업시행자가 신탁을 원인으로 하여 신탁회사명의로 소유권을 이전하는 경우 소유권이전등기 신청서에 농지전용협의

완료를 증명하는 서면을 첨부하면 충분하고 농지취득자격증명서를 제공할 필요가 없다는 내용과 배치가 되는 것 같은데 이건 어떻게 해석해야 하나?

최종이유적으로

다음 두 가지 규정 또는 선례는 겉보기엔 상충되는 것처럼 보인다. 비교하고 있는 두 규정/선례를 보면 등기예규 제1635호 제2나목에서는 지목이 여전히 농지이고, 농지전용허가나 신고만 있는 경우라도 소유권이전등기 신청 시에는 반드시 농지취득자격증명을 제출해야 한다. 또 하나는 등기선례 201304-5호: 농지법 제34조 제2항에 따른 '농지전용협의 완료' 농지의 경우, 신탁회사 명의로 소유권이전등기 시 '농지전용협의 완료를 증명하는 서면'만 제출하면 충분하며, 농지취득자격증명은 불요하다.

이 둘은 정말 모순일까? 겉보기에는 상반된 것처럼 보이지만, 적용 대상과 전용의 성격, 그리고 취득자의 법적 지위에 따라 조화롭게 해석할 수 있다. 핵심 해석 포인트는 농지전용 '허가/신고'와 '협의 완료'는 법적으로 다르다는 점이다.

-등기예규 1635호 2 나 의 내용에서 보면 동일가구(세대) 내에서의 친족 간의 매매 등을 원인으로 하여 소유권이전등기를 신청하는 경우에도 농지자격증명을 첨부하여야 한다고 한다. 그 이유는?

배경설명

등기예규 제1635호 제2나목에서는 다음과 같이 명시하고 있다. "동일가구(세대) 내 친족 간의 매매 등을 원인으로 하여 소유권이전등기를 신청하는 경우에도, 농지취득자격증명을 첨부하여야 한다."

농지취득자격증명 제출의무는 '소유권을 새롭게 취득하는 자'에게 부과된 것이며, 거래의 상대방이 가족이거나 동일 세대라고 해서 이 의무가 면제되지 않기 때문이다.

농지법은 '누구에게서'가 아니라 '누가 소유하게 되는가'에 초점이다. 농지법 제6조 및 제8조는 농지 소유자의 자격 요건(농업인 여부 등)을 규율한다. 즉, 매도인이 가족이든 타인이든 상관없이, 소유권을 새롭게 취득하는 자가 '농지 소유 요건'을 갖추고 있는지 심사하는 것이 원칙이다. 2. 친족 간 거래도 농지의 불법 양도를 막기 위한 감시 대상 이다. 가족 간 거래는 사적 영역이므로 규제의 사각지대가 되기 쉽다. 이를 악용해 비농업자가 명의신탁 또는 위장거래 등을 통해 농지를 취득할 가능성이 있기 때문에, 모든 거래에서 농지취득자의 농업 자격을 엄격히 심사해야 농지법의 취지를 지킬 수 있다

그러니 동일 세대라는 이유로 농업 자격이 자동 승계되는 건 아니다. 동일한 가구(세대) 내 친족 간이라 해도, 예컨대 농업인인 부모로부터 비농업인 자녀가 매매로 농지를 넘겨받는 경우, 자녀는 별도의 농업 자격을 갖추고 있어야만 농지 소유 가능하다. 농지를 공짜로 받는 증여가 아닌 '매매'라면 더더욱 철저한 자격 심사가 필요하다.

최종이유적으로

이는 세법이나 상속법등에서 친족 간에 좀 봐주는 것과 대비를 해서 봐줌이 없다는 것을 이야기를 하는 것이다

-위토(位土)란?

최종이유적으로

정의를 보면 사찰, 서원, 향교, 사당 등이 자체의 재정 확보를 위해 소유하거나 운영하던 토지를 말한다. 쉽게 말하면, 제사·교육·종교 등의 유지를 위한 토지(운영 수익원)이다.

3. 전세권 등기 관련

-전세권의 사용수익 권능을 배제하고 채권담보만을 위해 전세권을 설정한 경우, 그 전세권 설정등기는 무효이다

최종이유적으로

이 판시가 실효가 있는 점은 전세권의 탈을 쓴 저당권을 가진 사람이 있었는데 제 3자 경매를 통해서 물건을 받은 경우여서 문제가 되었다. (1) 전세권이라는 물권이 아예 성립하지 않았다. 등기부에는 '전세권'이 올라가 있었지만, 법적으로 유효한 전세권은 성립하지 않았다고 본 것이다. 즉, 물권으로서의 효력 자체가 인정되지 않으니 전세권자의 물권적 보호 부정된 것이다.

즉 부동산의 경매를 통해 제3자(C)가 소유권을 취득한 경우, 전세권이 유효한 물권이었다면 등기된 전세권은 제3자에게 대항 가능하나 본 건에서는 전세권이 무효이므로, B는 경매 이후 소유자에게 전세권을 주장할 수 없는 것이다. 결과적으로 전세권자는 권리 없는 자가 되며, 퇴거해야 하거나 전세금 회수권도 상실 가능하다. 후속 법적 조치에서 전세권자(B)는 아무런 권리를 행사할 수 없다. 담보권으로서 기능하려 했지만, 전세권 자체가 무효이므로, 경매절차에서 배당 우선순위 등 어떤 권리도 행사할 수 없게 된다. 우리는 그래서 에이, 그럼 저당권과 전세권을 같이 해놓지 하고 혀를 끌끌 차게 된다.

-등기선례 6-315호에 따르면 수인의 공유자들이 전세권설정등기를 한 후 그 일부지분에 대해서만 전세권말소등기를 할 수는 없다고 한다. 이때 수인의 공유자들은 설정을 해준 사람들이라는 것인가? 그리고 말소가 안 되는 논리는 무엇인가?

최종이유적으로

설명이 좀 짧지만 주로 시험에 나오거나 인용이 될 때는 "수인의 공유자들이 전세권 설정등기를 한 경우"라고 나오는데 이 경우는 "수인의 공유자들"은 소유자들, 즉 전세권을 설정해 준 사람들(설정자)을 말한다. 즉 부동산의 소유자가 여러 명인 경우(공유자들), 이들이 함께 한 개의 전세권을 설정하여 타인에게 등기해 준 상황이다. 예를 들어서 갑(1/2), 을(1/2)이 A토지를 공유하고 있고, 이들이 공동으로 병에게 전세권을 설정해 주었 준 경우 말이다. (전세금 1억, 존속기간 10년)

그런데 왜 일부 지분만 전세권 말소등기가 안 되는가?
이유는 전세권은 "부동산 전체"에 대한 "불가분의 권리"이기 때문이다. 자세히 설명하면 전세권은 하나의 독립된 물권으로, 설정된 전체 부동산에 대해 하나의 전세권으로 존속한다. 불가분성의 원칙이 적용되어 전세권 일부만 소멸시키거나 말소할 수 없다. 또, 공유지에 대한 전세권 설정의 특수성이 있다. 공유자가 공동으로 하나의 전세권을 설정한 경우, 이는 공유물 전부에 대한 하나의 전세권이다. 따라서 공유자 중 일부 지분에 대해만 말소를 하면 전세권의 불가분성이 깨지고, 전세권자(병)의 권리가 침해될 수 있다. 즉, 전세권의 말소는 설정자(공유자) 전원의 합의로 전체에 대해 말소되어야 하며, 일부 지분에 대해서만 말소하는 것은 등기상 허용되지 않는다.

-전세권 일부 지분의 양도를 원인으로 하는 전세권 일부이전등기를 할 때는 양도액을 등기하지 않는다. 그 논리는 무엇인가? 특히 전세금반환채권의 일부 양도를 할 때는 꼭 등기를 하는 것과 비교하면?

최종이유적으로

전세권 일부이전등기에서 양도액을 등기하지 않는 논리를 먼저 알아본다. 전세권은 물권이며, 전세금은 그 물권의 내용을 구성한다. 즉 전세권은 물권이므로 등기부에는 전세권의 객체와 범위, 존속기간, 전세금 등의 법률상 물권으로서의 주요 내용이 기재된다. 하지만 전세권의 이전(일부 포함)은 물권의 귀속주체가 바뀌는 것이며, 그 매매(양도) 대가는 물권 자체의 내용과는 무관하다. 전세권은 전세금 반환청구권(채권)과 연결되긴 하지만, 전세권 자체는 물권이다. 따라서 전세권 일부를 이전한다고 해도, 그 대가(양도액)는 사법상 계약의 내용일 뿐, 물권으로서의 전세권 자체에는 영향을 주지 않는다.

또한 양도액은 등기부를 통해 보호되어야 할 공시사항이 아니다. 등기의 목적은 공시다. 즉, 제3자에게 해당 권리의 존재와 내용 등을 명확히 알리기 위함이다. 그러나 양도액은 전세권의 효력이나 내용에 영향을 주지 않으며, 제3자 보호와도 관계가 없다. 오히려 양도액을 기재하는 것은 사적 계약의 내용을 공개하는 것이므로, 원칙적으로 등기사항이 아니다.

이를 전세금반환채권 일부 양도의 경우 등기가 필요한 이유와의 비교하면 전세금 반환채권은 채권이므로 대항력 요건이 따로 필요하다. 즉, 전세권은 물권으로서 등기만으로 권리주장이 가능하지만, 전세금 반환채권은 채권이므로, 채무자인 임대인에게 대항하기 위해서는 양도 통지나 승낙이 필요하다. 또한 채권양도 통지 외에도, 경우에 따라 등기를 통해 공시가 필요한 상황 존재하기도 하기에 말이다. 예컨대 (채권)질권 설정을 위한 전세금 반환채권의 양도는 통지와 함께 채권의 특정 및 대항요건 확보를 위해 등기가 필요할 수 있다. 이는 물권과 달리 채권은 대외적 공시체계가 부족하므로, 일정한 경우 등기를 통해 외부에 공시할 필요가 있다는 점에서 물권(전세권)의 일부 양도와 구별된다.

4. 가등기 관련

-부동산등기법 89조의 가등기가처분에 관해서는 민사집행법의 가처분에 관한 규정은 준용되지 않는다. 즉 가등기가처분명령이 있다하더라도 법원의 촉탁으로 가등기를 할 수 없다. 이 말이 가지는 의미는? 그런데 원래 가등기를 명하는 가처분명령이라는 게 있는거 아닌가 왜 이렇게 말하는가?

배경설명

가등기 가처분명령 제도란? 소송 중 본등기 청구권을 보전하기 위해 가등기를 먼저 시켜두는 가처분 명령이다. 예시로 A가 B에게 매매계약 해제를 주장하며 소유권이전등기를 청구 중 B가 등기를 넘기기 전에 가등기라도 해두고 싶는 경우가 있다. 그래서 법원에 '가등기 가처분' 신청을 하여 가처분 신청이 인용되면 등기소에 가등기 신청을 하게 된다.

그런데 이는 민사집행법의 일반 가처분 규정과는 다르다. 민사집행법 제300조 이하의 가처분 규정은, "부동산의 처분금지", "점유 이전 금지" 같은 일반적 권리 보전을 위한 조치에 해당한다. 이런 경우에는 법원이 직접 등기관에게 촉탁하여 가처분등기를 하도록 할 수 있다.
예: 소유권 이전금지 가처분 → 법원 촉탁 → 처분금지 가처분등기

최종이유적으로

'가등기를 명하는 가처분명령'이 있다고 하더라도, 그것은 민사집행법상의 일반 가처분절차에 따르는 것이 아니라 부동산등기법상의 일반 가등기 신청

절차에 따르게 되어 있다. 그래서 등기는 법원의 촉탁이 아니라, 당사자(가처분 신청인)가 가등기 가처분명령 정본을 제출해서 직접 신청해야 한다. 그래서 가등기 가처분은 반드시 당사자가 직접 신청해야 한다는 원칙을 선언하고 있는 것이다.

-하나의 가등기에 관하여 여러 사람의 가등기권자가 있는 경우에 그 중 일부의 가등기권자가 자기의 가등기 지분에 관하여 본등기를 신청할 수 있다. 이때 지분 만에 의한 본등기가 일부자가 안 되어 있어도 획득을 하는 게 의미가 큰가?

최종이유적으로

이 경우, 각 가등기권자는 자신의 지분에 대해 단독으로 본등기를 신청할 수 있다.

예를 들어 A, B가 공동으로 가등기를 했고 각자 1/2 지분이라면, A는 본인의 1/2 지분에 대해서만 본등기를 할 수 있다. 일부 지분만 본등기한 경우의 실익이 있는가라고 반문한다면 일단 당연히는 실익이 있다. 다만 실익이 없는 경우도 사실상 존재한다고 알아두면 확실한 이해가 된다. 아래의 경우는 실익이 적다 1)지분만 본등기 되었으나 현실적인 처분이나 이용이 어렵다. 2) 다른 가등기권자들과의 갈등 또는 공유물분할소송 등 분쟁 가능성 존재한다. 3) 지분 본등기만으로는 전체 소유권이전의 목적이 달성되지 않는다.

특히 지분본등기만으로는 전체 소유권이전의 목적이 달성되지 않은 경우는 다음의 경우가 있다.

[1] 공동 가등기권자들이 "전부 이전"을 목적으로 가등기를 한 경우
A, B가 공동으로 하나의 부동산 전체에 대해 가등기를 하였고, 가등기의 기초가 되는 원인행위(예: 매매계약)가 A, B에게 각각 1/2 지분씩 부동산 전체를 이전해주기로 한 계약일 경우, 본래 목적은 전체 소유권의 완전한 이전이기에 말이다. 이 경우 A 혼자 1/2 지분만 본등기를 한다면, 전체 소유권이전의 목적은 부분적으로만 달성되는 것이고, 나머지 절반은 미완이다. 이럴 때 "전체 목적이 달성되지 않았다"고 볼 수 있다.

[2] 본등기를 지분만 하면 실질적인 권리 행사가 곤란한 경우도 해당한다. 예시로는 토지를 단독으로 개발하거나 처분하기 위해 매수했으나, 지분만 본등기 되어 타인과 공유관계가 되면 단독 처분·사용이 어려워진다. 한숨이 나올 거다.

-등기예규1632호 5.나 3)에서 말하는 대로 저당권설정등기청구권가등기에 의하여 저당권설정의 본등기를 한 경우에 가등기 후에 마쳐진 제3자명의의 등기는 저당권설정의 본등기와 양립할 수 있으므로 직권말소할 수 없다. 이 때 제3자명의의 모든 등기가 해당인가? 상황상 특정의 등기인가?

배경설명

등기예규 제1632호 5. 나. 3)의 주요 내용은 저당권설정등기청구권에 기한

가등기에 의하여 저당권 설정의 본등기를 한 경우, 가등기 후에 마쳐진 제3자 명의의 등기는 저당권 설정등기와 양립할 수 있으므로 직권으로 말소할 수 없다는 것이다.

최종이유적으로

여기서 말하는 "제3자 명의의 등기"는 상황상 특정의 등기만을 말한다. (모든 제3자 명의의 등기가 아님) 해당 문구에서 말하는 "제3자 명의의 등기"는 가등기 후, 본등기 전에 이루어진 등기 중에서, 저당권 설정등기와 실질적으로 양립 가능한 등기만을 의미한다. 즉, 모든 제3자 명의 등기가 아니라, 양립 가능성이 전제되어야 하며, 다음과 같은 기준이 적용된다.

그래서 구체적으로 해서 보면 소유권 이전등기 (예: 제3자에게 소유권 이전) 양립 가능하다. (저당권은 물상대위적 권리로 성립 가능) 따라서 직권말소는 불가하다.

-등기예규1632호 5 가 2) 가) 에 의하면 가등기후 본등기 전에 마쳐진 등기가 체납처분으로 인한 압류등기인경우 등기관은 직권말소대상통지를 한 후 이의신청이 있으면 이유 있는지 여부를 검토한 후 말소여부를 결정한다. 이 경우 이게 체납처분이어서 좀 이렇게 특이하게 하나? 다른 경우는 어떻게 하나?

체납처분등기가 가등기후에 있음에도 본등기 후 살아 있어서 효력을 발휘할 수도 있는 경우가 있는가? 예외적으로 체납처분 압류등기가 살아남을 수 있는 경우 즉 본등기의 형식적 또는 실질적 하자가 있는 경우 ① 가등기에 하자가 있는 경우 ② 본등기 청구권의 기한 도래 여부가 문제된 경우 예시로서 가등기 후 약정된 본등기 요건이 충족되지 않았음에도 무리하게 본등기한 경우 세무당국이 이의를 제기하여, 법원에서 본등기의 무효 또는 취소 판단 시, 압류등기가 소급하여 우선하게 된다. ③ 사해행위로 인정된 경우 가등기에 기한 본등기가 사해행위로 인정되어 취소된 경우, 가등기 이후 압류한 세무당국은 채권자로서 보호받을 수 있다.

최종이유적으로

가등기에서 본등기 사이에 생긴 다른 사인의 등기도, 가등기나 본등기에 하자가 있거나 사해행위가 인정되면, 후속 등기가 살아남는 상황은 체납처분등기에 한정되지 않는다. 다만, 등기예규나 실무상 체납처분등기에 대해서 특별히 주의를 기울이는 이유는 따로 있다. 먼저는 (1) 공적 강제력이 개입된 행정처분이기 때문이다. 체납처분은 단순한 개인 간 거래가 아니라, 세금이라는 공적 의무의 집행이다. 세무서나 지방자치단체가 직접 강제 집행한 결과 생긴 압류이므로, 사적 본등기 청구로 인해 일방적으로 직권말소하기엔 법적 부담이 크다. 다음으로는 공공재정이나 법집행의 정당성 훼손 가능성에 의한 것이다.

-등기예규 1634호 2에서 토지거래허가구역내의 토지에 관하여 소유권이전청구권가등기를 신청할 때는 토지거래허가서를 첨부해야 한다, 가등기임에도 불구하고 요구하는 특별한 이유는?

최종이유적으로

실무에서 토지거래허가 없이도 가등기를 통해 사실상의 권리 확보를 꾀하는 변칙적인 거래를 방지하기 위해 허가서를 가등기 단계에서부터 요구하는 것이다. 예시로 보면 변칙적 가등기 방식으로서 A와 B가 허가구역 내 토지 매매를 하기로 한 경우 토지거래허가는 까다롭고 시간이 걸린다. B가 "일단 가등기만 먼저 해두자"고 제안하고 A도 동의한 경우 허가 없이 소유권이전청구권 가등기 실행한다. 이 때, 외부에서는 B가 사실상 권리를 확보한 것으로 보인다. 나중에 허가 받지 못해도 B는 일종의 권리 보전을 달성하게 되는 것이다. 이러면 실질적으로 허가제의 목적이 무력화가 된다. 그래서 법원과 행정기관의 실무적 판단으로는 "소유권이전청구권 가등기조차 허가 없이는 효력을 인정하지 않는다"고 해석한다. 즉 "가등기니까 괜찮다"는 허점을 노려 사실상 권리이전을 선점하려는 실무상의 편법을 차단하기 위해서이다.

-등기예규1632호 4 아에 따르면 소유권이전등기청구권 가등기권자가 가등기에 기해서 본등기를 하지 않고 다른 원인에 의해서 소유권등기를 하면 다시 그 가등기에 기해서는 본등기를 못한다고 한다. 그 이유는?

최종이유적으로

이때는 이중등기 방지의 목적이 가장 크다. 굳이 화근을 만들 이유가 없다.

-등기예규1632호 4 아에 따르면 소유권이전등기청구권 가등기권자가 가등기에 기해서 본등기를 하지 않고 다른 원인에 의해서 소유권등기를 하면 다시 그 가등기에 기해서는 본등기를 못한다고 한다. 다만 가등기후 위 소유권이전등기 전에 제3자 앞으로 처분제한의 등기가 되어 있거나 중간처분의 등기가 있는 경우에는 가능하다고 한다. 그러면 그 때는 앞서의 소유권이전등기를 말소하고 가등기에 기해서 등기를 하는가?

최종이유적으로

이 경우에는 먼저 "다른 원인에 의해 이루어진 소유권이전등기"를 말소한 후, 그 가등기에 기해 본등기를 하게 된다. 왜냐하면 가등기에 기한 본등기는 순위 보전을 전제로 하는 것이기 때문에, 기존의 소유권이전등기가 남아있다면 중복 또는 충돌 등기가 되기 때문이다.

5. 기타

-등기관이 지적(地籍)소관청으로부터 「공간정보의 구축 및 관리 등에 관한 법률」 제88조제3항의 통지를 받은 경우에 제35조의 기간 이내에 등기명의인으로부터 등기신청이 없을 때에는 그 통지서의 기재내용에 따른 변경의 등기를 직권으로 하여야 한다.

최종이유적으로

이 경우는 공간정보(지적)와 등기의 일치 필요성이 크기에 당사자가 신청하지 않는다면 직권으로 의무적으로 해야 한다. 즉 지적소관청의 지적 정리, 등록전환, 경계변경, 말소 등은 부동산의 실체적 현황에 직접 영향을 미친다. 등기부는 법적 권리관계를 표시하는 공적 장부지만, 이는 지적(물리적 표시)와 일치할 때 비로소 실효성이 있기 때문이다.

원문은 법36조1항이다.

-등기신청의 각하결정에 대해서는 등기권리자 및 의무자만이 이의신청이 가능하고 제3자는 이의 신청을 할 수 없다 = 등기신청의 각하결정에 대해서는 등기신청인과 각하되지 않았다면 실행될 등기에 대한 이해 관계있는 제3자가 이의신청을 할 수 있다: X

최종이유적으로

등기가 각하된 때는 신청당자사만이 가능하다. 실행될 등기에 대한 이혜관계 있는 제3자라고 하면 너무 범위가 지나치게 넓어지고 또한 가능성에 의한 승부가 되기에 범위가 불명해진다.

다만 이게 말은 이렇게 쉽게 나와도 잘 외워지지 않는 요소가 있어서 다른 식의 운율 등을 넣어서 외우도록 노력하는 게 좋다.

-부동산등기법상의 이의신청에 대해서는 각하결정에 대해서는 등기신청인인 등기권리자와 등기의무자에 한하여 가능인데 등기인용결정에 대해서는 누가 이의신청이 되는가?

최종이유적으로

부동산등기법상 이의신청 제도는 등기사항에 대하여 이해관계가 있는 제3자가 등기관의 처분에 대해 이의를 제기할 수 있도록 하는 절차이다. 등기관이 등기신청을 인용하여 등기처분을 하였을 경우, 그 등기로 인하여 권리 또는 법률상 이해관계에 영향을 받는 제3자는 일정한 기간 내에 이의신청을 할 수 있다. 이와는 달리, 등기신청을 각하한 경우에는 등기권리자 및 등기의무자만이 이의신청을 할 수 있다.

이 부분도 들을 때는 아, 하지만 돌아서면 또 헷갈릴 수 있기에 따로 운율적인 암기 시도가 필요하다.

-등기법 4조에 따라서 등기신청의 각하결정에 이의신청이 있는 경우에 이의가 이유 없다고 인정되면 이의신청서가 접수된 날로부터 3일 이내에 의견서를 붙여서 관할지방법원에 등기관은 송부해야 한다. 이때 송부를 하는 이유는 무엇인가?

배경설명

부동산등기법 제4조에 따른 이의신청에 대한 송부의 이유는 다음과 같은 법적 절차적 취지에서 이해할 수 있다. 등기관이 등기신청을 각하하였고, 이에 대해 신청인(등기권리자 또는 등기의무자)이 이의신청을 하였으며, 등기관이 그 이의신청에 대해 이유 없다고 판단한 경우, 지체 없이 의견서를 첨부하여 관할 지방법원에 송부해야 한다. (부동산등기법 제4조 제3항)

최종이유적으로

송부의 이유는 사법적 판단을 받게 하기 위해서이다. 등기관은 행정기관유사하게 등기행정에 관한 전문적인 판단을 하지만, 최종적인 권리 판단을 내릴 수 있는 기관은 법원이기에 말이다. 따라서 등기관이 각하결정에 대한 이의신청을 받아들일 수 없다고 판단해도, 이의신청인이 자신의 권리 주장에 대해 법원의 판단을 받을 수 있는 길을 보장해야 하기 때문에 말이다.

-등기예규1040호 5 에 따르면 통상의 지상권등기를 구분지상권등기로 변경하거나 구분지상권등기를 통상의 지상권등기로 변경하는 등기신청이 있는 경우에는 등기상의 이해관계인이 없거나 이해관계인이 있더라도 그 승낙서

또는 이에 대항할 수 있는 재판의 등본을 제출한때에 한하여 부기등기에 의하여 그 변경등기를 할 수 있다고 한다. 즉 그러면 이것은 승락이 없으면 주등기도 안 되는 상황인가?

1) 최종이유적으로

등기예규 제1040호 제5항에 따른 규정은 다음과 같은 의미를 가진다. 이해관계인의 승낙서나 재판 등본이 없는 경우에는 변경등기 자체(부기등기든 주등기든) 불가능하다. 이는 단순한 형식 변경이 아니라 권리의 내용과 범위에 실질적 영향을 미치는 변경이기 때문에, 기존 등기상의 권리자(이해관계인)에게 영향을 줄 수 있으므로 그들의 동의 또는 법적 판단이 필수적이다.

예시 상황을 보면 갑이 A토지에 대해 통상의 지상권을 등기해두었는데, 이후 을이 그 지상권에 대해 저당권을 설정한 경우 이 상태에서 갑이 이를 구분지상권으로 변경하려고 하면, 을의 승낙서 또는 이에 갈음할 수 있는 재판이 필수다. 없으면 등기가 불가능하다. 구분지상권과 통상의 지상권은 권리 내용 자체가 다르다. 예를 들어 통상의 지상권이 지하 공간 일부로 한정되면, 저당권의 담보가치가 하락할 수 있기에 말이다. 따라서 이런 변경을 하려면 이해관계인의 명시적 승낙 또는 이에 갈음하는 법원의 판단이 있어야 정당화된다.

2) 그런데도 왜 '부기등기'로 해야 하나?

여기서 등기예규 1040호는 부기등기로 처리하라고 한다. 그 이유는 다음과 같다. 통상의 지상권에서 구분지상권으로, 혹은 그 반대의 변경은, 새로운 권리를 창설하는 게 아니라, 기존 권리의 "구성요소"를 수정하는 것에 그치는 범위 내에서 허용되기 때문이다. 만약 주등기로 새롭게 등기한다면, 기존 지상권 등기의 연속성이 단절되고, 기존 권리에 기초한 이해관계인(예: 저당권자)의 권리가 무력화되거나 혼란을 초래할 수 있기에 말이다.

-1동의 건물을 횡단적으로 구분한 경우에 상층의 건물을 소유하기 위하여 구분지상권의 설정등기는 할 수 없다고 한다. 그 이유로서 제기되는 것이 계층적 구분건물의 특정계층의 구분소유를 목적으로 하는 구부지상권의 설정등기는 할 수 없다고 한다. 이는 등기예규 1040호 6인데 이에 대해서 근거는?

배경설명

등기예규 제1040호 제6항에서는 "계층적 구분건물의 특정계층의 구분소유를 목적으로 하는 구분지상권의 설정등기는 할 수 없다"고 되어 있다. 즉, 지상권을 설정하면서 특정 층만을 대상으로 설정하는 '구분지상권' 등기는 허용되지 않는다는 의미다. 이는 주로 "공중지상권"의 개념과 연결되는데, 그에 대한 제한이 있는 것이다. 구분지상권은 주로 도시공간의 효율적 이용 (예: 고가도로, 지하철 통과 등)을 위해 인정되는 제도이다.

최종이유적으로

그래서 해당 예규는 "건물의 특정 층을 위한 지상권 설정"은 허용되지 않는다는 점을 명확히 한다. 그 이유는 다음과 같은 법적·제도적 근거에서 설명된다. 부동산등기법상 '구분지상권'의 설정 목적 제한을 보면 구분지상권은 어디까지나 토지의 특정 부분(공중·지하)에 대한 사용을 목적으로 하는 물권이다. 그러나 건물의 특정 층(예: 2층, 3층)을 목적으로 하는 권리는, 지상권이 아니라 소유권 내지 구분소유권으로 다뤄져야 한다. 즉, 건물 소유를 위한 구분은 구분소유(집합건물법)의 영역이지, 지상권의 영역이 아니라는 점이 근본적인 제한 이유다.

구분지상권은 '토지'에 설정되는 것이다. 구분지상권은 민법 제279조에 따라 토지를 대상으로 설정되는 용익물권이다. 건물의 특정 층은 '토지의 특정 부분'이 아니므로, 이를 위해 지상권(특히 구분지상권)을 설정하는 것은 권리의 객체를 벗어난 잘못된 설정이다. 그래서 '공중지상권'과 '건물 층'의 중요한 차이점을 구분해서 보면 공중 지상권은 대상 토지의 공중 공간(예: 지표면으로부터 5~10m 상공)으로 설정이 가능하다. 반면에 건물 구조물 중 일부 층 (예: 2층, 3층)으로 설정이 된다.

-지역권은 사람에 대한 권리가 아니기에 지역권자는 등기할 사항이 아니라고 하는데 승역의무자는 등기할 사항인가?

최종이유적으로

지역권과 관련하여 등기할 수 있는 사항 중 "지역권자"는 등기사항이 아닌데, 그럼 "승역지의 소유자(= 승역의무자)"는 등기사항인가?"에 대한 의문은 지역권의 성질과 부동산등기법상의 등기사항의 구조를 이해하면 명확해진다. 승역의무자는 승역지의 소유자인데 지역권에 의해 일정한 제한을 받지만, 지역권이 인격이 아닌 부동산에 설정되므로 인물은 등기사항 아니다.

배경설명

부동산등기법상 등기사항으로서의 지역권 구조에서 「부동산등기법 시행령」 제59조 제1항 제1호에 따르면: "지역권의 등기사항은 다음 각 목의 사항으로 한다.
가. 요역지와 승역지의 표시
나. 지역권의 목적(예: 통행, 수도관 부설 등)
다. 존속기간이 있는 경우에는 그 기간
라. 지역권의 부담이 있는 경우 그 부담"

Part 2. 공부 방법에 대한 팁

1. 지식을 돌출 정도로 하려면 노래 암기가 최고다

-의미

우리가 거인의 어깨에 올라타는 셈이라고 잘 이야기를 하는데 이게 마치 그런 거인의 어깨에 올라타는 정점에 있다고 봐야 한다. 노래는 우리에게 잘 써먹으라고 팔 벌리고 있다. 말죽거리 잔혹사에서 현수하고 싶은 거 다 해 하는 김부선처럼 말이다.

-암기라는 게 보는 것만으로 되는 게 아니라서

당연한 이야기지만 자주 보기만 한다고 샤워하듯이 하기만 한다고 외워지는 게 아니다. 그래서 어떤 노력이 필요한데 그런 노력의 결정판으로서는 이제 중요하다.

-장점: 무에서의 유의 형성효로서는 세계 최강

특히 세법처럼 정말로 무에서 유를 형성해야 함이 큰 과목은 이렇게 해서 형성을 시키고 '오 박OO, 아주 대단한데'하고 스스로를 다독일 수 있다.

-장점: 가만히 틀어놓고 반복하는 편한 효과

가만히 틀어놓고 반복하는 편한 효과를 기대하는 게 가능한 것도 여기서의 장점이 된다. 특히 시험이 다가올수록 불안한데 이런 게 지식으로 나를 지지한다고 치면 위로 효과, 위로적 지지효과가 크다.

-장점: 그래도 칙칙한 수험생활 중에 운율이 가미되는 효과

그래서 아주 칙칙할 수 있는 수험생활, 학습생활에 운율이 가미되어서 양념적 효과가 된다.

-장점: 가장 가시적인 유형적인 공부

공부의 가장 힘든 점은 참 뭘 해도 나에게 나를 중심으로 나의 뇌를 중심으로 해서는 뭐가 남은 게 없다는 점이다.

-장점: 책 읽음이 훨씬 더 수월해지고 마음이 덜 쓸쓸하다

특히 무에서 유를 하는 과목의 경우에는 참 읽으면서도 '아이 씨, 이걸 읽으면서도 외워내야 하는데 그게 되나'하고 자책을 많이 하는데 노래가 수반이 되면 완전 암기가 되지 않아도 그래도 기분 좋게 좀 더 안도감을 가지고 책을 읽어내게 된다.

어떤 무엇을 하더라도 확인적 의미의 독서에서 즉 읽으면서 기억을 해내야 하는 독서에서 제일 좋은 방법이다.

-장점: 생활화적 공부

노래에 미친놈 같은 식으로 그야 말로 자나 깨나 공부가 가능하다.

-노래는 가급적 먼 노래보다는 자신의 애창곡을 위주로 한다

-그림하고 결부가 되어야 더 강한 효과를 가지고 온다

그림하고 내용이 결부가 되어야 더 강한 효과를 가지고 오게 되기에 서로 시너지를 노린다.

-노래를 잘 선정하는 것도 그 과목에 대한 실력과 혜안이 생겨서 그런 것이다

그렇게 붙이게 하기 위해서 노래를 잘 선정하는 것도 그 과목에 대한 실력이 생겨서 비례적으로 생기는 모습이다.

-비유: 곳곳에 깔린 지뢰들이 공격을 도와주는 느낌

아 많이 형성이 되었다. 폭탄들이 많이 도와 준다.

2. 8진법

-그림이 최종이다

연상의 최고봉은 그림이다. 그게 마땅한 적절한 것을 넣기가 그래서 그렇지 말이다. 그러나 우리가 어차피 일반적이고 딱딱한 것을 외우기 위해서 별개 개념이 필요하다면 이렇게 그림을 차용해서 외움은 아주 좋다. 즉, 중간과 중간이 연결이 되어서 최고조로 간다.

이러면 지식에 특히 그냥 활자화된 지식에 만개의 꽃을 피우게 되는 셈이 된다.

로마인들은 위대했다. 그냥의 상상속의 그림과 진짜로 존재하는 그림은 천지차이이다. 영원하라 로만이여 영원하라 로마인들이여

공부라는 컴퓨터에 그래픽 카드를 달아서 날개를 달아가는 셈이다.

글자로만 공부하는 것과 비교하면 픽셀로는 거의 100배의 것을 활용하고 그만큼 노력이 감쇄되고 하는 것이다.

-뇌의 이중성에 가장 잘 맞는다

뇌는 기억하려고도 하고 까먹으려고도 한다는 사실이다. 안 까먹으면 터져 버리는 게 뇌이다.

-그림이 사고를 전진시키고 사고를 확장시킨다

그림이 사고를 전진시키고 사고를 확장시킨다. 바로 그것을 전진시키는 그림이라도 붙여야 한다.

-전혀 안 쓰던 뇌의 영역을 쓰는 셈이어서 좋다

-8진법과 이어져서 그림과 그림간의 연결 히어라키를 노린다

이게 맞다면 8진법만으로 하기에는 무리가 있음을 스스로 인정한 셈이다.

-그림의 개수가 합격과 관련한 심적 안정의 지수를 증가시킨다

-두문자의 최대약점인 이게 어디에 쓰는 건지 모르겠다의 극복

그림을 잘 사용해서 그게 어디서 나온건지 모르겠다는 최대한 해소한다. 그것은 두문자의 최대 문제점이다.

-비유: 기억의 바벨탑 쌓기

비유적으로 이야기를 하면 이런 식으로 해서 바벨탑 쌓듯이 하는 것이다.

-무조건 열심히 한다고만 암기가 되는 거 아니다

하수들은 무조건 적극적으로 하자고만 했다. 그러나 시스템이 중요하다.

정말로 안 들어가는데 그렇게 들어가는 그렇게 끼우는 대단한 방법을 알아낸 것이 이것에 해당한다. 이런 식의 것은 회계학 같은 어려운 과목에서도 적용이 되게 된다.

-밀이 어려워서 공부가 어려운거다

-공부는 말이다

공부는 말이다. 결국 또 보니 말말말인데 시퀀스적 운율적 말이 중요하다.

-시간순삭도 좋다

과거에는 밑 빠진 독에 물붓기로 써야 할 시간이 많았는데 말이다.

-그림이 한 몸으로 되는 게 중요하다

그림이 흐트러지면 안 된다. 자연스러운 연상을 노리게 그림이 한 몸으로 되는게 중요하다.

-한 몸으로 표현하든지 강력한 연쇄관계로 표현하든지

한 몸으로 해서 한 덩어리로 표현을 하든지 아니면 강력한 연쇄관계로 표현하든지 해서 강하게 효과를 가지고 오게 해야 한다.

-하이브리드덩어리를 통해서 머리가 바꿔지는 게 최종의 모습

그간의 세상질서와는 좀 다른 이어진 질서로 채워진 머리를 만들어야 한다. 어차피 시험이 그간의 생활질서와는 틀리거나 다른 게 아닌 좀 무관한 것을 가지고 외움을 강요하니 우리도 그에 버티고 대항하기 위해서 이렇게 한다. 남들도 그것을 버티는 방법 중의 하나가 두문자다.

그러니 나도 새롭게 또 외워야 할 게 나오면 다른 생활요소시퀀스를 가지고 와서 대항을 하게 한다.

그런데 그렇게 다른 것을 채우는 게 그냥은 안 되니 행동강령인 파일이 존재해야 하고 그 파일도 정적 성격을 가지니 그것에 동적 성격을 부여하기 위해서 살아있는 덩어리라고 표현을 한다. 즉 책과의 별개의 유형적 성격을

가지고 있음을 보여주기 위해서 살아있는 덩어리라고 한다.

-하이브리드가 되면서 지식이 무에서 유 생명체적 지식이 된다

무엇이든지 살아있는 게 좋잖아하는 마음으로 접근을 해본다. 학습자인 내가 살아있는 게 좋음을 활용하자. 그래서 몸이 기억하는 공부가 되기도 한다. 마치 비유적으로 춤판 벌이기 덩어리는 수화처럼 몸짓과 몸이 기억하는 공부가 되는 게 좋다.

-인간의 도리로서의 제대로 공부가 된다

문제를 푼다고 할 때의 인간은 풀어서의 인간이다. 그래서 인간의 도리로서의 제대로 인간으로서 공부가 된다. 만약에 랜덤하게 본다고 해도 자신의 정신만 제대로 붙들고 있으면 풀이는 이뤄지게 된다. 이 인간의 도리는 학습자로서의 도리이다.

-누수를 채우는 반복도 의미 있는 반복이 된다

-종합이 된 게 대략 50퍼센트 목표치로 해서 기억남을 목표로 한다

-인과응보적이라서 노력을 해야 결과가 나온다

-쌍극자암기와의 관련성

쌍극자 암기도 결국에는 뭔가의 하나를 해서 그 특징으로 쌍극자를 연결해서 잡기였다. 그게 좀 더 난이도가 있으면 거기에 인물을 붙여서 강화를 시키고 좀 더 난이도가 있다면 히어라키 적으로 해서 노래를 한다. 다만 그 노래의 구조는 이렇게 잡는 게 이상적이다. 이 구성의 전제는 잊을 수도 있다는 점이다. 그래서 계속 노력이 필요하다는 점이다.

3. 전문 공부

-전문 공부의 의미

자격증을 딴 전문가이거나 아니면 그 아래에서 같이 일하는 실장 등의 전문사무원들은 자기분야의 그것도 아주 좁은 분야만 알지 그 이상을 가면 잘 모른다. 그래서 그런 전문 공부가 중요하다.

-세상이 어지러울수록 자기공부가 최고다

세상이 아주 어지러이 가고 있다. 어지러울수록 자기 공부가 최고다 . 그게 제일 남는 것이기 때문이다

-전문공부일수록 효율적으로 해야 한다

시간들이 없지 않은가? 그러니 더욱더 효율을 노려야 한다. 바쁘지 않은 전문가 바쁘지 않은 전문사무원은 없다. 그러니 그런 사람들의 전문 공부일수록 더욱더 효율을 높여야 한다.

-전문 지식은 꺼내 쓴다의 논리

법조계를 접하지 못한 사람들의 입장에서는 법조인들을 보면서 '와, 그 많

은 방대한 법을 어떻게 다 알고 남을 위해서 상담을 해주고 하지?'하고 생각한다. 그러나 법조계에 입문을 하면 제일 먼저 배우는 사실이 그 많은 방대한 지식을 다 머리에 담는 게 아니라 필요할 때 꺼내서 쓴다는 게 핵심이라는 사실이다. 그렇게 전문지식은 꺼내서 쓰는 것 이지 다 담아두는 게 아니기에 공부의 효율성은 더욱더 필요하다.

-전문 공부일수록 이런 포인트를 봐야 한다

그렇겠구나 하는 것은 문제가 안 되고 그건 좀 그런데 내지는 그건 좀 아닌데 하는게 포인트이다. 수험 때도 그렇지만 결국 판시 등의 암기에서 가장 문제는 바로 자신이 그간 가진 자연법에 어긋나는 경우이다. 거기를 잘 포착해서 봐야 하고 내 것으로 넣어야 한다.

-당연한 것과 다소 또는 그 이상 당연하지 않게 다가오는 것을 체크해야 한다

읽어서 조금씩만 지식이 쌓여도 '그것은 그렇겠구나'하고 당연하게 느껴지는 것과 그렇지 않고 '어 이것은 왜 이렇게 되지?;하고 당연하지 않게 생각되는 것을 구변하는 게 가장 중요한 포인트가 된다.

-여백에 필기를 하는 경우에도 그 당연하지 않음 생각해볼 여지가 있음이 관건이다

많은 학습자들이 여백에 필기를 해서 집어넣거나 적어 넣는다. 그런 적어넣은 내용으로서 가장 와야 할 것은 바로 당연하지 않는 내용에 대한 지적 즉, 그런 포인트를 찾아내는 것과 그것을 어떤 식으로 처리해서 내 것으로 할지에 대한 것들이다. 그렇게 치면 결국 책은 원래부터 인쇄되어 있는 부분과 학습자인 내가 적어서 나오게 하는 부분들로 나눠지게 되는데, 인쇄되어 있는 것이야 당연히 진리이고 기지(기지)의 사실로 받아들여지니까 제시가 될 터이니 그게 결합이 된 게 바로 종합적으로 그 해당 분야나 해당과목의 총합적 사실로 다가온다.

-전문 공부에서도 암기를 해야만 공부한 게 남는다

여러분들이 다른 전문분야를 공부해서 남들에게 보여줄 때도 그게 결국에는 '체화'가 되어야 의미가 있다. 그냥 입에서 머리에서 우물우물하는 지식으로는 의미가 없다.

-외워야 내 지식으로 남고 남들에게도 보여진다
남들에게 보여주고 남들에게 인정받는 그런 지식이 되기 위해선 절대적으로 암기가 되어야 한다. 그것을 도와주려고 필자는 애를 쓸 것이다.

-암기는 늘 숙제

암기는 수험에서도 큰 숙제인데 전문 공부를 함에도 내가 외울 것인가? 외운다면 어디까지 외우고 결심을 할 것인가는 아주 문제이다. 그래서 그에 대한 도움이 필요하다.

-가장 효율적으로 외우게 하기

필자는 가장 검증된 방식으로 가장 쉽게 외우게 하는 도움을 줄 것이다. 특히 앞서 말한 지식은 꺼내 쓰는 것과의 조화적으로 얼마까지를 외우고 얼마는 외우지 않고 가는가는 참으로 중요한 부분으로 계속 작용한다.

-전문공부에의 암기가 더욱더 어려운 이유는 용어가 어렵기 때문이다

용어가 어려움은 그 분야의 전문성을 표상한다. 물론 그것은 진입장벽처럼 그 분야에서의 현학적 요소도 가지고는 있으나 그에 대해서 의미가 크게 온다. 그것을 잘 돌파해야 한다.

-전문 공부에서의 아주 쉽게 암기하는 법

(1) 친숙도를 늘려라

친숙도를 늘리는 게 중요하다. 물론 모든 공부의 과정은 다 반복을 통해서 친숙도를 늘리지만 그것을 어떻게든 더 고속화 하는 게 관건이다. 용어가 어렵고 구가상황이 어렵다면 더욱이나 친숙도를 높이는 것은 아주 중요하

다.

(2) 시퀀스활용

시퀀스란 이어짐이다. 순서이기도 하고 말이다. 그런 이어짐과 순서가 잘 연결이 되어야 뭔가의 성과가 나온다. 암기도 결국 이어짐이니 말이다.

뭔가 잘 술술 연결이 되면, 그게 시퀀스다. 우리가 뭔가 생활에서도 이야기가 술술 연결이 잘되는 경우가 있다. 그게 바로 시퀀스다. 그래서 그것을 이용하면 학습이 용이하다. 텔레비전에서의 오락프로를 봐도 쿵쿵따 쿵쿵따 하면서 말이 끝말잇기 식으로 잘 연결이 됨을 볼 것이다. 그게 바로 시퀀스다.

혼자서 전문지식을 읽을 때에도 필자를 만나기전에 여러분들이 혼자서 전문지식을 읽을 때에도 뭔가가 그 부분만큼은 시퀀스에 의해서 흘러가는 것이 된다.

(3) 인문사회지식 총동원

이런 전문 공부가 어려운 것은 용어의 문제도 있지만 동류화가 되지 않은 지식들을 동류화 하는 가운데에서 머리에 담아둬야 하는 측면이 아주 크다. 그러기에 그럴 때는 거의 유일한 해법이 있다. 바로 자신이 아는 모든 인문사회적 기타 지식들을 총동원해서 암기를 하는 것이다. 어찌보면 수험생들이 가장 많이 쓰는 두문장암기 같은 것도 그런 것인데 그것은 그래도 아주 가장 초보적인 형태로 봐야 한다. 그런 인문사회적 지식을 가지고 암기를 하고 이해도를 높이는 것이 필자가 여러분들에게 해줄 수 있는 도움 중의 하나이기도 하다.

(4) 내 머리 안에서 복기가 되게 한다

결국 전문지식이 발현이 되기 위해서는 남들에게 시각이나 청각으로 가게 해야 한다. 그러려면 자신이 먼저 그 지식들에 능해야 한다. 그래서 그게 내 머리 안에서 복기가 되게 한다고 보면 된다.

내 입에서 나와야 한다. 그게 차고 넘치면 결국은 나의 입에서 나와야 한다. 그것의 단계까지 안가면 머릿 속의 음성으로 그야 말로 '뇌입'으로라도 나와야 한다.

우리 책은 포인트는 지정의 식이다. 아주 두툼한 개론서가 아니라 그 개론서를 잘 보게 하는 것이다. 우리 책은 어느 분야의 타지식을 익히게 하기 위한 두터운 지식의 책이 아니라 그 지식에서 가장 엑기스가 되는 부분을 어떻게 이해를 할까에 대해서 제시를 해주는 책이다.

4. 등기법의 맥락잡기

(1) 민법 공부와 등기법 공부의 관계

민법에서의 거의 절반은 등기와 관련이 된다. 꼭 민법상의 물권법 즉 부동산 소유권에 대한 물권법이 아니라도 민법상의 상당 부분이 관련이 된다. 그런데 민법만 보면 좀 밋밋하기 그지없고 특히 많이 드는 생각은 '내가 이것 배워서 실제로 써먹는가?'하는 자괴감 비슷한 감정이다. 그런데 등기법은 그것을 해두면 확실히 그 실용성에 감동한다. 반대로 등기법만의 지식은 무의미하다. 그래서 민법과 같이 봐두는 게 꼭 필요하다.

(2) 연달아 있음의 중요성

1) 관건

등기법은 그야 말로 연달아서 나옴의 릴레이 게임이다. 즉 소유권을 기준으로 할 때 갑에서 을로 을에서 병으로 그런 연달아서 나옴이 중요한 것이 된다. 그래서 그런 곳에서 끊어짐이 있는가 등이 아주 관건이 된다.

2) 등기의 연속

그런 부분에서의 연속이 되어야 문제가 없는 등기라서 민법에서도 그렇지만 등기법에서도 등기의 연속이라는 문제는 아주 중요한 문제로서 작용이 된다.

(3) 자격의 중요성

등기는 한번 이뤄지면 돌이키기가 힘들다. 이게 쉽게 보면 등기가 출생신고 같은 존재지만, 그게 대외적 공시성을 보면 이게 거의 외부에 알려져야 한다는 측면이 작용한다고 봐야 한다. 그러면 그게 쉽게 이미 알려진 것을 돌이킨다는 것은 아주 힘들다고 봐야 한다.

(4) 예규의 중요성

다른 법들에서 대법원의 판시나 헌법의 헌재 판시가 중요하다면 등기법은 예규가 핵심이다. 물론 판례들이 중요한 경우도 있지만 결국 핵심은 예규가 된다. 그것은 아주 실무적인데 이것은 주로 제정하는 일종의 행정규칙이다. 국민 일반을 구속하는 대외적 구속력은 없다. 그러나 내부 구성원에 대한 업무지침 효력이 있다. 판사들 중 관련 행정업무 담당하시는 분들이 제정을 담당하게 된다.

처음에 등기법에 입문해서 빠져들다 보면 그 예규를 너무 많이 접하게 된다. 그래서 그게 주로 1)판사들이 판시를 해서 나오는 것인지? 아니면 2)판사들이 그냥 회의해서 나오는 것인지? 아니면 3)판사들이 아닌 등기관 같은 법원/등기공무원수준에서 제정하는 것인지를 궁금해 하게 되는데 그 답은 2)가 된다.

(5) 옆길로 새기: 저당권등 기타 권리

1) 기본 의미

아브라함이 야곱을 낳고 야곱은 여호수아를 낳고 하는 식으로 가는 그런 소유권을 중심으로 한 등기에서의 연속에 대비해서 아니 그것 외에 더해서 옆길로 새는 것이 있다. 즉 그런 소유관계를 바탕으로 해서 돈을 융통하거나 할 때 쓰는 저당권 등이다. 그것들은 소유권을 바탕으로 하는 수직적 질서에 옆으로 새는 줄이 된다. 그래서 소유권과 유사권리는 갑구 옆으로 새는 것을 을구 이렇게 생각하면 된다.

2) 어떤 것이 있는가?

그 을구에 해당하는 것은 전세권과 임차권이 있다. 즉 소유권을 기반으로 하면서 그것을 가지고 이용을 하는 부수적인 것이라서 등기부의 갑구란이 아닌 을구에 두고 있다.

도 서 명: 농협 직원을 위한 등기법 중요쟁점 편하게 이해시키는 책
저   자: 자격증수험연구회
초판발행: 2025년 05월 30일
발   행: 수학연구사
발 행 인: 박기혁
등록번호: 제2020-000030호
주   소: 서울특별시 영등포구 버드나루로 130 1층 104호(당산동, 강변래미안)
Tel.(02) 535-4960   Fax.(02)3473-1469

Email. kyoceram@naver.com

수학연구사 Book List

9001 고1,고2 내신 수학은 따라가지만 모의고사는 망치는 학생의 수학 문제 해결법
저자 수학연구소 / 19,500

9002 이공계 은퇴자와 강사를 위한 수학 과학 학습상담센터 사업계획 가이드
저자 수학연구소 / 19,500

9003 고3 재수생 수능 수학 만점, 양치기를 어떻게 바라보고 극복할 것인가
저자 수학연구소 / 19,500

9004 대학생들이 세상에서 가장 효율적으로 일본어를 정복하는 방법
저자 최단시간일본어연구회 / 19,500

9005 프랑스어를 꼭 공부해야 하는 대학생들이 쉽게 어려운 단어를 외우는 방법
저자 최단시간프랑스어연구회 / 19,500

9006 중국어를 빠르게 배우고 싶은 해외 파견 공무원들을 위한 책
저자 최단시간중국어연구회 / 19,500

9007 변리사들이 효율성 높게 일본어를 익히는 법
저자 변리사실무연구회 / 19,500

9008 세무사가 업무상 필요한 일본어 청취를 빠르게 습득하는 법
저자 세무사실무연구회 / 19,500

9009 심리상담사가 프랑스어 단어를 빠르게 익히는 방법
저자 상담심리실무연구회 / 19,500

9010 업무용 일본어 듣기의 효율성을 높이는 법: 해외파견공무원용
저자 공무원실무연구회 / 19,500

9011 관세사들이 스페인어 단어를 쉽고 빠르게 외우는 법
저자 관세사실무연구회 / 19,500

9012 스페인어 리스닝을 쉽게 하는 법: 해외파견금융기관직원을 위한 책
저자 금융실무연구회 / 19,500

9013 관사세가 알면 좋을 프랑스어 단어를 효율적으로 외우는 법
저자 관세사실무연구회 / 19,500

9014 법조인이 알면 좋을 스페인어 단어를 빠르게 익히는 법
저자 법조인실무연구회 / 19,500

9015 법조인이 알면 좋을 스페인어 단어를 빠르게 익히는 법
저자 법조인실무연구회 / 19,500

9016 미용 뷰티업계에서 알면 좋을 이탈리아어 단어 빠르게 외우는 법
저자 뷰티실무연구회 / 19,500

9017 간호대학생과 간호사 의학용어시험 만점! 심장순환계통단어 암기법
저자 의학수험연구회 / 19,500

9018 항공공항업계에서 알면 좋을 스페인어 단어 스피드 암기법
저자 항공공항실무연구회 / 19,500

9019 약사와 약대생을 위한 의학용어 만점암기법_ 심장순환계와 근육계
저자 의학수험연구회 / 19,500

9020 한의사와 한의대생을 위한 양의학용어 암기법_ 호흡기와 감각기
저자 의학수험연구회 / 19,500

9021 의료변호사를 위한 의학용어 암기법_ 소화기와 비뇨기
저자 의학수험연구회 / 19,500

9022 건강보험공단 직원과 취준생을 위한 의학용어 암기법_ 감각기와 호흡기
저자 의학수험연구회 / 19,500

9023 간호사 국가고시 합격기간 단축하기_ 1교시 성인간호, 모성간호
저자 의학수험연구회 / 19,500

9024 건강보험공단 직원과 취준생을 위한 의학용어 암기법_ 감각기와 호흡기
저자 의학수험연구회 / 19,500

9025 수의사와 수의대생을 위한 의학용어 암기법_ 근골격계와 심장순환계
저자 의학수험연구회 / 19,500

9026 식품위생직, 식품기사 시험을 위한 식품미생물 점수 쉽게 따기
저자 식품위생연구회 / 19,500

9027 영양사 시험 스피드 합격비법_ 1교시 영양학, 생화학, 생리학 중심
저자 영양사시험연구회 / 19,500

9028 영양사 시험 스피드 합격비법_ 2교시 식품학, 식품위생 중심
저자 영양사시험연구회 / 19,500

9029 6급 기관사 해기사 자격 시험 스피드 합격비법
저자 해기사시험연구회 / 19,500

9030 재배학개론 농업직 공무원시험 스피드 합격비법
저자 공무원시험연구회 / 19,500

9031 식용작물학 농업직 공무원시험 스피드 합격비법
저자 공무원시험연구회 / 19,500

9032 수능 지구과학1 입체적 이해로 만점 받기
저자 수능시험연구회 / 19,500

9033 건축구조 건축직 공무원 시험 교과서 술술 읽히게 하는 책
저자 공무원시험연구회 / 19,500

9034 위생관계법규 조문과 오엑스 조리직 공무원시험
저자 공무원시험연구회 / 19,500

9035 자동차구조원리 운전직 공무원 시험 교과서 술술 읽히게 하는 책
저자 공무원시험연구회 / 19,500

9036 수의사와 수의대생을 위한 의학용어_ 암기법 소화기와 비뇨기
저자 의학수험연구회 / 19,500

9037 도로교통사고 감정사 1차 시험 교과서 술술 읽히게 하는 책
저자 자격증수험연구회 / 19,500

9038 위험물산업기사 필기시험 교과서 술술 읽히고 암기되게 하는 책
저자 자격증수험연구회 / 19,500

9039 소방관계법규 조문과 오엑스 소방직 공무원시험
저자 공무원시험연구회 / 19,500

9040 양장기능사 필기시험 교과서 술술 읽히고 암기되게 하는 책
저자 자격증수험연구회 / 19,500

9041 섬유공학 패션의류 전공자가 섬유가공학 술술 읽고 학점도 잘 받게 해주는 책
저자 섬유공학패션연구회 / 19,500

9042 의류복식사 술술 읽고 학점 잘 받게 해주는 섬유공학 패션의류 전공자를 위한 책
저자 섬유공학패션연구회 / 19,500

9043 반도체장비유지보수 기능사 필기 교과서 술술 읽히고 암기되게 하는 책
저자 자격증수험연구회 / 19,500

9044 4급 항해사 해기사 자격 수험서 술술 읽히고 암기되게 하는 책
저자 자격증수험연구회 / 19,500

9045 접착 계면산업 관련 논문 특허자료 술술 읽히고 암기되게 하는 책
저자 접착계면산업연구회 / 19,500

9046 재수삼수 생활로 점수 올려 대입 성공한 이야기
저자 오답노트컨설팅클럽 / 19,500

9047 치위생사 국가시험 수험서 술술 읽히고 암기되게 하는 책
저자 자격증수험연구회 / 19,500

9048 치위생사 국가시험 수험서 술술 읽히고 암기되게 하는 책_ 2교시 임상치위생처치 등
저자 자격증수험연구회 / 19,500

9049 가스산업기사 필기시험 수험서 술술 읽히고 암기되게 하는 책
저자 자격증수험연구회 / 19,500

9050 응급구조사 1,2급 시험 수험서 술술 읽히고 암기되게 하는 책
저자 자격증수험연구회 / 19,500

수학연구사 Book List

번호	제목 / 저자 / 가격
9051	떡제조기능사 시험 수험서 술술 읽히고 암기되게 하는 책 저자 자격증수험연구회 / 19,500
9052	임상병리사 시험 수험서 술술 읽히고 암기되게 하는 책 저자 자격증수험연구회 / 19,500
9053	의료관계법규 4대법 조문과 오엑스 뽀개기 의료기술직 공무원시험 저자 공무원시험연구회 / 19,500
9054	간호학 전공자가 간호미생물학 술술 읽고 학점도 잘 받게 해주는 책 저자 간호학연구회 / 19,500
9055	간호사 국가고시 합격기간 단축하기_ 2교시 아동간호, 정신간호 등 저자 의학수험연구회 / 19,500
9056	도로교통법규 조문과 오엑스 뽀개기 운전직 공무원시험 저자 공무원시험연구회 / 19,500
9057	전기공학부생들이 시험 잘 보고 학점 잘 따는 법 저자 기술튜터토니 / 19,500
9058	간호대학생들이 약리학을 쉽게 습득하는 학습법 저자 간호학연구회 / 19,500
9059	의치대를 목표하는 초등생자녀 이렇게 책 읽고 시험 보게 하라 저자 의치대보낸부모들 / 19,500
9060	지적관계법규 조문과 오엑스 뽀개기 지적직 공무원시험 저자 공무원시험연구회 / 19,500
9061	방송통신대 법학과 학생이 학점 잘 받게 공부하는 법 저자 법학수험연구회 / 19,500
9062	공인중개사 1차 시험 쉽게 합격하는 학습법 저자 법학수험연구회 / 19,500
9063	기술직 공무원 시험 쉽게 합격하는 학습법 저자 공무원시험연구회 / 19,500
9064	독학사 간호과정 공부 쉽게 마스터하기 저자 간호학연구회 / 19,500
9065	주택관리사 시험 빠르게 붙는 방법과 노하우 저자 자격증수험연구회 / 19,500
9066	비로스쿨 법학과 대학생들을 위한 공부 방법론 저자 법학수험연구회 / 19,500
9067	기술지도사 필기시험 빠르고 쉽게 합격하는 학습법 저자 자격증수험연구회 / 19,500
9068	감정평가사 시험 스트레스 낮추고 빠르게 최종 합격하는 길 저자 자격증수험연구회 / 19,500
9069	의무기록사 시험 합격을 위한 의학용어 암기법_ 순환계와 근골계 저자 의학수험연구회 / 19,500
9070	의무기록사 시험 합격을 위한 의학용어 암기법_ 소화기와 비뇨기 저자 의학수험연구회 / 19,500
9071	감정평가사 2차 합격을 위한 서브노트의 필요성 논의와 공부법 저자 자격증수험연구회 / 19,500
9072	감정평가사 민법총칙 최단시간 공부법과 문제풀이법 저자 자격증수험연구회 / 19,500
9073	게임 IT업계 직원이 영어를 빠르게 듣고 말할 수 있는 방법 저자 최단시간영어연구회 / 19,500
9074	IT 게임업계 직원이 효율적으로 빠르게 일본어를 습득하는 법 저자 최단시간일본어연구회 / 19,500
9075	게임회사 IT업계 직원이 프랑스어 단어를 빨리 익히는 법 저자 최단시간프랑스어연구회 / 19,500
9076	경영지도사가 빠르고 효율적으로 중국어를 배우는 법 저자 최단시간중국어연구회 / 19,500
9077	유튜버가 일본어 청취를 빠르게 익히는 방법 저자 최단시간일본어연구회 / 19,500
9078	법조인들이 알면 좋을 프랑스어 단어를 빠르게 익히는 법 저자 최단시간프랑스어연구회 / 19,500
9079	경영지도사에게 필요한 스페인어 단어 빠르게 익히기 저자 최단시간스페인어연구회 / 19,500
9080	일본어 JLPT N4, N5 최단시간에 합격하는 법 저자 최단시간일본어연구회 / 19,500
9081	관세사에게 필요한 이탈리아어 단어 빠르게 익히기 저자 최단시간외국어연구회 / 19,500
9082	일본 관련 사업을 하는 중개사를 위한 효율적인 일본어 듣기법 저자 최단시간외국어연구회 / 19,500
9083	일본 취업 준비생을 위한 일본어 리스닝과 단어 실력 빠르게 올리는 방법 저자 최단시간외국어연구회 / 19,500
9084	관세사에게 필요한 중국어 빠르게 습득하는 법 저자 최단시간외국어연구회 / 19,500
9085	누적과 예측을 통한 영어 말하기와 듣기 해답_ 해외진출자를 위한 책 저자 최단시간외국어연구회 / 19,500
9086	스페인어를 공부해야 하는 대학생들이 빠르게 단어를 숙지하는 법 저자 최단시간외국어연구회 / 19,500
9087	취업 준비 대학생은 인생 자격증으로 공인중개사 시험에 도전하라 저자 자격증수험연구회 / 19,500
9088	고경력 은퇴자에게 공인중개사 시험을 강력 추천하는 이유와 방법론 저자 자격증수험연구회 / 19,500
9089	효율적인 4개 국어 학습법과 외국어 실력 올리는 방법 저자 최단시간외국어연구회 / 19,500
9090	여성들의 미래대안 공인중개사 시험 도전에 필요한 공부 가이드 저자 자격증수험연구회 / 19,500
9091	해외파견근무직원들이 이탈리아어 단어 빠르게 익히는 방법 저자 최단시간외국어연구회 / 19,500
9092	영어 귀가 뻥 뚫리는 리스닝 훈련법 저자 최단시간외국어연구회 / 19,500
9093	열성아빠를 위한 민사고 졸업생의 생활팁과 우수 공부비법 저자 교육연구회 / 19,500
9094	유초등 아이 키우는 열정할머니를 위한 민사고 생활팁과 공부가이드 저자 교육연구회 / 19,500
9095	심리상담사가 일본어를 쉽게 배울 수 있는 노하우와 팁 저자 최단시간외국어연구회 / 19,500
9096	법조인을 위한 들리는 소리에 집중하는 외국어 리스닝과 단어 훈련법 저자 최단시간외국어연구회 / 19,500
9097	관세사를 위한 문법 상관없이 받아 듣고 적는 외국어 학습법 저자 최단시간외국어연구회 / 19,500
9098	민사고에 진학할 똑똑한 중학생을 위한 민사고 공부팁과 인생 이야기 저자 교육연구회 / 19,500
9099	해외파견근무직원들을 위한 프랑스어 단어 쉽게 배우기 저자 최단시간외국어연구회 / 19,500
9100	해외파견근무직원들이 일본어를 쉽고 빠르게 공부하는 방법 저자 최단시간외국어연구회 / 19,500

수학연구사 Book List

9101 대학생들이 이탈리아어 단어 쉽고 빠르게 익히는 법
저자 최단시간외국어연구회 / 19,500

9102 뷰티 화장품 업계에서 알면 좋을 스페인어 단어 쉽게 익히기
저자 최단시간외국어연구회 / 19,500

9103 민사고 진학에 갈등을 느끼는 딸바보 아빠를 위한 인생 조언과 공부법
저자 교육연구회 / 19,500

9104 유튜버를 위한 영어 리스닝과 스피킹 실력 빠르게 올리는 법
저자 최단시간외국어연구회 / 19,500

9105 해외파견직들을 위한 문법 없이 어학 공부하는 방법
저자 최단시간외국어연구회 / 19,500

9106 변리사가 프랑스어 단어를 쉽고 빠르게 배우는 법
저자 최단시간외국어연구회 / 19,500

9107 법조인이 알면 좋을 중국어 스피드 습득법
저자 최단시간외국어연구회 / 19,500

9108 임용고시 합격하려면 고시 노장처럼 공부하지 마라
저자 임용고시연구회 / 19,500

9109 임용고시 합격을 위한 조언_ 공부로 생긴 스트레스 공부로 풀어라
저자 임용고시연구회 / 19,500

9110 가맹거래사 시험 법학에 자신이 없는 사람들이 꼭 봐야 할 합격법
저자 자격증수험연구회 / 19,500

9111 가맹거래사 책이 쉽게 이해되지 않는 사람들을 위한 수험전략 가이드
저자 자격증수험연구회 / 19,500

9112 항공 및 공항 업계에서 알면 좋을 이탈리아어 단어 효율 암기법
저자 최단시간외국어연구회 / 19,500

9113 은퇴자를 위한 외국인과 만나는 게 즐거운 영어 리스닝 방법
저자 최단시간외국어연구회 / 19,500

9114 항공과 공항업계인을 위한 일본어 듣기와 단어 청크 단위 학습법
저자 최단시간외국어연구회 / 19,500

9115 유튜버가 프랑스어 단어에 쉽게 접근하고 익히는 법
저자 최단시간외국어연구회 / 19,500

9116 대학생이 필요한 스페인어 청취를 빠르게 습득하는 법
저자 최단시간외국어연구회 / 19,500

9117 해외파견직들을 위한 스페인어 단어 스피드 학습법
저자 최단시간외국어연구회 / 19,500

9118 관세사를 위한 직청직해 소리단어장 다국어 훈련법
저자 최단시간외국어연구회 / 19,500

9119 경비지도사 처음 도전하는 사람들이 꼭 알아야 할 시험 접근법
저자 자격증수험연구회 / 19,500

9120 유튜버가 이탈리아어 단어 효율적으로 익히는 방법
저자 최단시간외국어연구회 / 19,500

9121 관세사가 빠르고 쉽게 일본어 실력 올리는 법
저자 최단시간외국어연구회 / 19,500

9122 영어가 부족한 법조인을 위한 리스닝과 스피킹 효율 학습법
저자 최단시간외국어연구회 / 19,500

9123 미용 뷰티업계에서 알면 좋을 일본어 쉽게 접근하는 법
저자 최단시간외국어연구회 / 19,500

9124 대학생을 위한 외국어 공부법_ 문법은 버리고 소리에 집중하자
저자 최단시간외국어연구회 / 19,500

9125 심리상담사가 스페인어 단어를 효율적으로 배우는 방법
저자 최단시간외국어연구회 / 19,500

9126 대학생을 위한 다양한 외국어 쉽게 접근하게 해주는 가이드
저자 최단시간외국어연구회 / 19,500